PIKIEREN

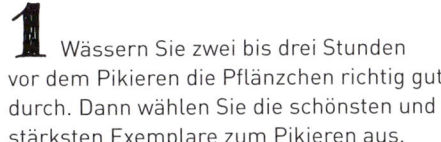

1 Wässern Sie zwei bis drei Stunden vor dem Pikieren die Pflänzchen richtig gut durch. Dann wählen Sie die schönsten und stärksten Exemplare zum Pikieren aus.

2 Mit einem Pikier-stab, einem Essstäbchen oder einem anderen Stück Holz nehmen Sie vorsichtig das Pflänz-chen aus der Erde. Dabei dürfen Sie die zarten Wurzeln nicht abreißen.

3 Kürzen Sie die Wurzeln auf eine Länge von 2 cm und setzen das Pflänzchen in den mit Anzuchterde gefüllten Topf. Gut angießen und an einen hellen Platz ohne direkte Sonne stellen.

In der Aussaatkiste stehen die jungen Pflänzchen meist viel zu dicht. Wenn das erste Blattpaar gut entwickelt ist, ist Zeit zum Pikieren – so nennen Gärtner das Vereinzeln von Keimpflanzen. Nehmen Sie für die Töpfchen keine normale Blumenerde, sondern magere Anzucht-, Aussaat- oder Pikiererde.

BÄRBEL OFTRING

52 PROJEKTE für Stadtgärtner

Jede Woche grüner leben!

KOSMOS

52 PROJEKTE FÜR STADTGÄRTNER

START-UP STADTGÄRTNERN
Nützliche Dinge vorab

52 DIY-PROJEKTE WARTEN AUF SIE! JEDE WOCHE FRISCHER INPUT FÜR IHREN STADTGARTEN: KREATIVES ZUM WERKELN, LECKERES ZUM NASCHEN, DUFTENDES ZUM SCHNUPPERN, SPANNENDES ZUM BEOBACHTEN UND STILLES ZUM RELAXEN.

WICHTIGE WERKZEUGE

Zum Stadtgärtnern benötigen Sie generell ein paar Utensilien: eine Handschaufel (Gartenkelle) zum Buddeln, eine Gießkanne und eine Gartenschere. Wählen Sie gute, hochwertige Werkzeuge, die Ihnen gut in der Hand liegen, umso lieber schaffen Sie damit.

PFLANZENPFLEGE GANZ EASY

Pflanzen sind Lebewesen, die atmen, Durst und Hunger haben. Aber auch ohne erprobten grünen Daumen können Sie gut für Ihre Pflanzen sorgen. Achten Sie auf Atmungsfreiheit: Sorgen Sie für einen pflanzengerechten Standort mit ausreichend Licht und Luft, damit die Pflanze Fotosynthese betreiben kann.

Um Ihre Pflanzen mit der passenden Wassermenge zu versorgen, stecken Sie regelmäßig den Finger in die Erde. Ist die Erde feucht, brauchen Sie nichts zu tun. Ist sie trocken, so müssen Sie gießen. Ist sie pitschnass, ist Alarm angesagt: Staunässe vertragen die allermeisten Pflanzen nicht, da die Wurzeln zu faulen beginnen und so nicht mehr genügend Nährstoffe aufnehmen können. Sorgen Sie dafür, dass das Erdreich so schnell wie möglich abtrocknet. Auf der sicheren Seite sind Sie, wenn Sie die Pflanze austopfen, die nasse Erde entfernen und die Pflanze mit frischer Erde wieder eintopfen.

Von Frühjahr bis zum Herbst ist für die Pflanzen Wachstumszeit, von Herbst bis Frühjahr Ruhezeit. Versorgen Sie die Pflanzen in der Wachstumszeit regelmäßig mit Dünger. Besorgen Sie sich einfach eine Flasche Flüssigdünger. Auf der Packungsanleitung steht, wie der Dünger dosiert wird.

GIESSEN IM URLAUB

Wenn Sie nur ein paar Tage weg sind, stellen Sie die Pflanzen an einen schattigen Platz, so verdunsten Pflanzen und Erde weniger Wasser. Eine geringere Verdunstung erreichen Sie auch, wenn Sie offene Erdstellen mit Kies abdecken.

Zum Bewässern von Pflanzen in Gefäßen können Sie Wasserspeicherkugeln verwenden oder den Flaschentrick anwenden: Bohren Sie mit einem feinen Bohrer ein paar Löcher in den Deckel einer Plastikflasche, füllen Sie die Flasche mit Wasser, schrauben den Deckel wieder drauf und stecken Sie sie kopfüber in die Topferde. Das Wasser wird dann peu à peu an die Pflanzen abgegeben und hält sie drei bis vier Tage am Leben. Bei längeren Urlaubsreisen empfiehlt sich ein eingewiesener Gießdienst.

MITTEN IM WINTER

kann's bereits losgehen

EIN NEUES JAHR HAT BEGONNEN. UND
VIELLEICHT HABEN SIE JA AUCH SCHON
EINIGE VORSÄTZE FORMULIERT, ETWA IN
DIESEM JAHR MEHR ZU GÄRTNERN. DAMIT
KÖNNEN SIE NOCH HEUTE BEGINNEN.

HER DAMIT!

Gebrauchte Kisten und Kübel, der Puppenwagen aus Uromas Zeiten und manch andere ungewöhnliche Gefäße mit Erinnerungswert geben Ihren Pflanzenlieblingen eine ganz individuelle Heimstatt.

ORIGINELLE GEFÄßE
für Ihre Pflanzenschätze

DAS IST DER PERFEKTE START INS NEUE JAHR: AUSMISTEN – IN SCHRÄNKEN, IM KELLER, AUF DEM DACHBODEN. SIE SCHAFFEN PLATZ UND FINDEN NEBENBEI JEDE MENGE AUSSERGEWÖHNLICHE GEFÄSSE FÜR IHRE STADTGÄRTNER-PROJEKTE.

Material

Folie, Kies, Split, Bohrer

Porzellan, Steingut, Ton

Glas: Vasen, Marmeladen- und Weckgläser

Kunststoff: Schachteln, Behälter

Holz und Metall: Boxen, Truhen, Kisten, Dosen

Trödel: Wägelchen, Schuhe (siehe auch KW 32)

Leder, Kunstleder

Los geht's

Grundsätzlich eignen sich alle Behältnisse fürs Gärtnern. Säubern Sie die Gefäße zur Vorbereitung sorgfältig. Achten Sie darauf, Wasserabzugslöcher zu integrieren.

Rostige Dosen, Boxen und anderes aus Metall kleiden Sie vor dem Einfüllen der Erde mit Folie aus. Dazu können Sie einfach eine Plastiktüte passender Größe verwenden. Auch undichte oder poröse Gefäße bekommen Sie mithilfe von Folie dicht. Oder Sie stellen ein Plastikgefäß hinein. Allerdings braucht jedes Gefäß eine Dränage. Wenn Sie keine Abzugslöcher in das gewünschte Gefäß bohren können, füllen Sie zuunterst eine Schicht Kies oder Split als Dränage ein.

Shabby chick

Hölzerne Behälter und solche aus Leder beginnen sich beim Kontakt mit Erde zu zersetzen. Holz nimmt Gießwasser und Feuchtigkeit auf und wird im Lauf der Zeit weich und porös. Dies verhindern Sie, indem Sie Hölzernes mit Folie auskleiden oder ein Plastikgefäß hineinstellen. Wenn Sie dies nicht wollen, dann seien Sie damit im Frieden, dass nichts für die Ewigkeit ist. Und wenn das Holzgefäß nach ein paar Jahren hinüber ist, kommt sicherlich ein neues daher.

INTERESSANT | SUCHEN SIE SCHÄTZE! Flohmärkte sind eine Fundgrube an alten, ungewöhnlichen, schrägen und wunderschönen Gefäßen, die den eigenen Fundus ergänzen. Auch auf Internet-Marktplätzen können Sie fündig werden – und was gibt es Schöneres, als an langen, kalten Wintertagen eine eigene Ein- & Umtopf-Kollektion zusammenzustellen?

MEHR WINTERSCHUTZ
vom Weihnachtsbaum

WENN ES FÜR KÜBEL UND KÄSTEN RICHTIG KALT WIRD, LIEFERT DAS ENDE DER WEIH-NACHTSZEIT ZUSÄTZLICHEN WINTERSCHUTZ: TANNENREISIG. MATERIALQUELLEN: DER EIGENE WEIHNACHTSBAUM ODER EIN BESUCH AUF ÖFFENTLICHEN SAMMELPLÄTZEN.

Material

Ast- oder Gartenschere

Gartenhandschuhe

Bindedraht

Weihnachtsbaum-Sammelplatz

Nach den Weihnachtsfeiertagen gibt es in vielen Städten und Gemeinden öffentliche Sammel-plätze für abgeschmückte Weih-nachtsbäume, die meist erst zwi-schen dem 06. und 10. Januar abgeholt werden.

Los geht's

1. Schneiden Sie mit der Ast- oder Gartenschere die einzelnen Äste vom Stamm ab. Tragen Sie dabei besser Gartenhandschuhe und Arbeitskleidung. Die Äste harzen ungemein.

2. Stecken Sie die Äste (= Reisig) als Kälteschutz in die Kübel und Balkonkästen oder binden Sie sie darum herum. Die Pflanzen sollten gut bedeckt sein. Das Reisig schützt dabei wie eine warme Decke.

3. Umgeben Sie auch die Pflanzgefäße dicht mit Tannenzweigen, denn die Erde im Topf kühlt durch ihr geringes Volumen sehr schnell aus.

Wann entfernen?

Wenn die kalten Nächte vorbei sind, also keine Minusgrade mehr zu erwarten sind, können Sie den Winterschutz vollständig entfernen.

INTERESSANT | KLEINE BAUMKUNDE   Heutzutage sind die meisten Weih-nachtsbäume Nordmanntannen mit weichen Nadelblättern, die nicht piksen. Die Nadelblätter der einst so beliebten „Blautannen" (eigentlich waren es Blau-Fich-ten, also Fichten mit bläulichen Nadelblättern) und Fichten hingegen sind ste-chend-hart. Wenn möglich, wählen Sie Äste der echten Tannen – die sind nicht nur im Umgang angenehmer, sondern verlieren auch nicht so schnell die Nadeln.

[1.]

[2.]

EIN STÜCK NACHHAL-
TIGKEIT – ERST WEIH-
NACHTSBAUM, DANN
WINTERSCHUTZ!

[3.]

13

AUSPROBIEREN!

Günstiger und auch spannender ist es, wenn Sie keine Jungpflanzen, sondern Saatgut der unterschiedlichsten Kräuter kaufen und die Pflanzen selber ziehen. Angaben hierfür finden Sie auf den Samentütchen.

KRÄUTER IM GLAS
für die Fensterbank

KRÄUTER KANN MAN NIE GENUG HABEN, DENN SIE WÜRZEN SPEISEN, TEES UND COCK-TAILS. AUF DER FENSTERBANK IST ES HELL UND AUCH IM WINTER WARM GENUG FÜR DIE KRÄUTER. SOBALD ES DRAUSSEN FRÜHLING WIRD, KÖNNEN SIE DANN INS FREIE.

Material

4 Gläser

1 Liter Blumenerde

5 EL Sand

4 Kräuterpflänzchen

Pflanzenauswahl

Küchen-Basic-Kräuter: Schnittlauch, Petersilie, Basilikum, Rosmarin, Lorbeer, Salbei

Exotische Küchenkräuter: Blattsenf, Echter Galgant, Langer Koriander, Lemongras, Schnittknoblauch, Thai-Basilikum

Los geht's

1. Besorgen Sie im Gartencenter, Gemüse-, Kräuter-, Hofladen oder bei einem online-Pflanzenversender junge Kräuterpflanzen. Im Winter ist das Sortiment recht klein, aber neben den Standard-Küchenkräutern finden Sie nun vor allem etliche exotische Kräuter für die Aussaat.

2. Mischen Sie den Sand unter die Blumenerde und füllen Sie das Glas halb- bis dreiviertel voll mit der Erdmischung.

3. Drücken Sie die Erde an den Rand, sodass in der Mitte ein Pflanzloch entsteht.

4. Nehmen Sie den Wurzelballen der Kräuterpflanze vorsichtig aus dem Töpfchen und setzen Sie den Wurzelballen in das Pflanzloch. Die Pflanze sollte genauso hoch im Glas stehen wie zuvor im Töpfchen.

5. Drücken Sie die Erde vom Rand her dicht an den Wurzelballen an und füllen ggfs. noch Erde nach. Belassen Sie dabei aber 1–2 cm zum oberen Gefäßrand als Gießrand frei.

6. Angießen nicht vergessen! Mit dem Finger immer mal wieder die Feuchtigkeit der Erde prüfen. Bei Trockenheit gießen, und auch wirklich nur dann. Da die Gläser keine Abzugslöcher haben, ist sonst die Gefahr für Staunässe groß.

INTERESSANT | LÄNGER FREUDE AN DEN PFLANZEN   Beernten Sie die Kräuter so oft wie möglich. Das hält die Pflanzen schön kompakt und Sie haben stets einen Überblick darüber, wie es Ihren Schützlingen auf der warmen Fensterbank geht.

SAMENBOMBEN
"Wildblumen gerollt"

JEDE SAMENBOMBE IST EIN GEFÜLLTER MINIATURGARTEN VOLLER WUNDERBARER BLÜTEN. AM WEG- UND STRASSENRAND, AUF BAUMSCHEIBEN UND UNSCHÖNEN FLECKEN AUSGEWORFEN, ERBLÜHT SO WIEDER DAS LEBEN FÜR MENSCH UND TIER.

Material
für 24 Wildblumenbomben

20 EL Erde

16 EL Tonpulver

etwa 16 TL Wasser (nach und nach zugeben)

4 TL Samenmischung

etwas Kaffeesatz oder Teeblätter

4 TL Chilipulver oder Cayennepfeffer

Schüssel

Samen für Mischungen

Baldrian, Borretsch, Dost, Fenchel, Glockenblume, Karthäusernelke, Lavendel, Majoran, Malve, Natternkopf, Schwarznessel, Thymian, Wegwarte, Zitronenmelisse

Los geht's

1. Tonpulver und Wasser miteinander vermengen und zu einem glatten Teig kneten. Er darf weder zu nass noch zu trocken sein. Den Teig in 24 gleich große Portionen teilen, jede Portion zunächst zu einer Schale formen.

2. Etwas Blumenerde und Kaffeesatz oder alte Teeblätter als sanft düngende Startzugabe vermischen. Dem Substratgemisch eventuell Chilipulver oder Cayennepfeffer untermischen. Das hält Ameisen und andere Samenfresser fern.

3. Das Substratgemisch in die einzelnen Schalen geben und die Samenmischung auf das Substrat streuen.

4. Jede Schale zwischen den Handflächen wieder zu einer glatten, kompakten Kugel zusammenrollen.

Trocknung

Frühjahr bis Herbst: Ein paar Stunden an einem warmen Platz, z. B. auf einem Holzgitter, trocknen lassen; dann sofort draußen auf geeigneten Flächen auswerfen.

Herbst bis Frühjahr: Rund 48 Stunden lang auf der Heizung oder im warmen Heizungskeller trocknen lassen, dann an einem trockenen Ort aufbewahren. Hält bis zu zwei Jahre.

[3.]

[4.]

PFLANZEN-RANKING
natürlich oder ungewöhnlich

GEMÜSE WIE GURKEN ODER ERBSEN UND RANKENDE SOMMERBLUMEN BRAUCHEN EIN GERÜST, AN DEM SIE HOCHKLETTERN KÖNNEN. EIN ALTES PAAR SKI, EINE KAPUTTE LEITER – SOLCHE FUNDSTÜCKE EIGNEN SICH EBENSO WIE WEIDENRUTEN.

Material

10 dickere Weidenruten, 2 m lang

junge, dünne Weidenruten, Gesamtlänge ca. 25 m

Kokosbaumbinder oder Draht aus dem Baumarkt

runder Kübel

Sand, Steine etc. zum Füllen

Los geht's

1. Erkundigen Sie sich bei den Mitarbeitern der örtlichen Kommune oder des Bauhofes nach Weidenruten. Meist können Sie die geschnittenen Weidenruten kostenlos oder gegen eine Spende mitnehmen. Oder Sie machen eine Tour ins Umland. Am Rand von Gewässern und feuchten Wiesen stehen oftmals Weiden. Holen Sie sich aber unbedingt bei dem Besitzer die Erlaubnis, die Ruten zu schneiden.

2. Verarbeiten Sie die frischen Ruten am besten am selben Tag: Stecken Sie die 10 dickeren Ruten kreisförmig an den Rand des mit Sand und Steinen gefüllten Kübels. Der Kübel fungiert bei dieser Bauweise quasi als Steckmasse zum Halten und Formen des Gerüstes.

3. Binden Sie die Ruten oben mit dem Kokosbaumbinder oder Draht zusammen.

4. Flechten Sie die dünnen Ruten zwischen die dicken, damit das Gerüst stabil wird.

5. Nun können Sie das Rankgerüst aus dem Kübel nehmen und überall einsetzen.

Ski-Rankgerüst

Stecken Sie die beiden Skier so in den Boden oder das Pflanzgefäß, dass sie aneinanderlehnen. Fixieren Sie die Skier mit Bindedraht. Rankende Sommerblumen wie blaue Trichterwinden werden es Ihnen danken und ein toller Hingucker ist so ein Gerüst allemal.

[3.]

[4.]

EINFACH ZU BAUEN, UNGEWÖHNLICHE OPTIK - AUFMERKSAM-KEIT GARANTIERT.

WURMKOMPOSTER
für den kleinen Bedarf

KOMPOST IST EIN HERVORRAGENDER DÜNGER, DEN SIE GANZ LEICHT SELBST HERSTELLEN KÖNNEN. SIE BRAUCHEN DAZU NUR EIN KÜHLES, SCHATTIGES PLÄTZCHEN UND EIN PASSENDES MÖBELSTÜCK. WÜRMER BEKOMMEN SIE IM HANDEL.

Material

Schränkchen, Truhe, große Kiste (mindestens 80 x 80 x 100 cm)

mindestens 40 cm hohe Plastikbox mit Deckel in Schrankgröße

Plastikfolie

Küchen- oder Zeitungspapier

2 Dachlatten in Schrankbreite

ein paar Äste, Zweige oder Karton

Kompostwürmer
(Eisenia, Dendrobena)

Werkzeuge

Bohrmaschine

Was darf auf den Kompost und was nicht

Ja: Obst- und Gemüseschalen, Eierschalen, Gehölzschnittgut, Pflanzenreste

Nein: Fleisch- & Knochenreste, kranke Pflanzenteile, Glas/Metall/Kunststoffe, Straßenkehrricht

Los geht's

1. Wählen Sie einen schattigen, kühlen Platz im Freien.

2. Kleiden Sie den Boden des Schränkchens mit einer Plastikfolie aus und breiten Sie darauf mehrere Lagen Küchen- oder Zeitungspapier aus.

3. Legen Sie die beiden Dachlatten auf das Papier.

4. Bohren Sie in den Boden der Plastikbox mindestens 15 Löcher, durch die überschüssige Flüssigkeit abfließen kann und stellen Sie die Box auf die Dachlatten.

5. Nun wird die Box befüllt: Zuunterst eine Lage kleine Äste und Zweige oder kleine, zerrissene Kartons; darauf kommen die aktiven, gefräßigen Kompostwürmer mit dem mitgelieferten Substrat. Achten Sie darauf, dass das Substrat immer feucht ist; es darf weder zu nass noch zu trocken sein. Mit dem Deckel schließen.

6. Bewirtschaften Sie den Kompost mit fein geschnittenen Abfällen im Kreislauf: Geben Sie in eine Ecke die erste Portion Küchenabfälle. Die nächste Portion setzen Sie daneben – so geht es rundherum im Kreis. Wenn Sie wieder bei der ersten Portion angekommen sind, muss diese Portion aufgefuttert sein – sonst sollten Sie ein größeres Gefäß wählen oder müssen die Küchenabfallgaben reduzieren. Auch wenn der Komposter stinkt, haben Sie zu reichhaltig „gefüttert". Die Würmer kommen dann mit dem Zersetzen der Abfälle nicht nach.

INTERESSANT | WURM, VERSTECK DICH!   Nach etwa drei Monaten ist ein Teil des Kompost erntereif. Um diesen Kompost zu ernten, schütten Sie den Inhalt der Box an einem hellen Platz aus, etwa in einen großen Kübel. Die Kompostwürmer kriechen nun rasch nach unten ins dunkle Substrat und Sie können die oberen Kompostschichten abtragen. Dann füllen Sie erneut die Box mit Ästen und Zweigen oder frischen Kartonstücken und dem restlichen Substrat mit den Würmern. Deckel drauf und Box zurück ins Schränkchen stellen.

PFLANZEN IM ERDSACK
aufschneiden – pflanzen – fertig

AUF DEM MARKT UND IN DEN LÄDEN LEUCHTEN DIE NARZISSEN UND TULPEN IN DEN TÖPFEN UM DIE WETTE, DAZU GIBT ES BEREITS FRISCHE KRÄUTER ZU KAUFEN. IM BLUMENERDESACK FINDEN ALL DIESE PFLANZEN NUN EINE NEUE HEIMAT.

Material

10 l Blumenerde im Sack

ein paar Pflanzen

scharfes Messer oder Schere

Los geht's

1. Stechen Sie auf der Unterseite des Erdesackes ein paar Löcher hinein, durch die überschüssiges Gießwasser abfließen kann. Achten Sie darauf, dass das Wasser durch die Abzugslöcher nicht Stellen flutet, die Sie lieber trocken hätten.

2. Legen Sie den Sack flach auf den Boden an einen hellen, geschützten, möglichst warmen Platz auf dem Balkon oder vor dem Haus, bei dem Sie sich sicher sind, dass evtl. Gießwasser keine Schäden anrichtet.

3. Ritzen Sie in die Oberseite passend große Vierecke für die Pflanzballen. Für größere Pflanzen können Sie auch rechteckige Fenster in die Sackoberseite schneiden.

4. Pflanzen austopfen und direkt in die Blumenerde setzen. Nicht vergessen, den Ballen gut anzudrücken.

5. Angießen, fertig. Regelmäßig Gießen, der Sack heizt sich in der Sonne auf und lässt die Erde schneller austrocknen.

Bepflanzungsbeispiele für eine Gartensaison

Nacheinander können Sie diese Pflanzen in den Erdesack setzen:

1. Tomaten oder Kartoffeln (Starkzehrer)

2. Salate oder Spinat (Mittelzehrer)

3. Kräuter (Schwachzehrer)

Nach der letzten Ernte werden Sack und Erde getrennt entsorgt.

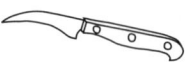

IMMER WAS GRÜNES!

Eine einfache und unkomplizier-
te Methode, Kräuter auf dem
Balkon oder der Terrasse zu kul-
tivieren, ist die Pflanzung in Erd-
säcke. Hier: Minze, Rosmarin,
Salbei, Thymian und Koriander.

TIPP FÜR KW 19

Wenn Sie Zucchini oder Gurken in der Tasche selbst anbauen möchten, wie in Kalenderwoche 19 vorgestellt, können Sie die Pflanzen dazu nun auf der Fensterbank vorkeimen lassen.

FRISCHE AUSSAATEN
auf der Fensterbank

MAN LECHZT NACH FRISCHEM GRÜN UND SEHNT DEN FRÜHLING HERBEI: AUF
DER HELLEN FENSTERBANK GEBEN SIE BEREITS DEN STARTSCHUSS, DENN NUN
KÖNNEN DIE ERSTEN SAMEN AUSGESÄT WERDEN; VON ARTISCHOCKE BIS ZUCCHINI.

Material

Papiertöpfchen, Eierkarton

Papprollen von Klopapier und
Küchenrolle

Aussaaterde

Saatgut, Samentütchen

Los geht's

1. Im Handel werden nun wieder jede Menge bunter Samentütchen
   angeboten. Lassen Sie sich einfach von der Vielfalt inspirieren
   und wählen Sie Ihre Lieblingsblumen und -gemüse, die Sie in
   diesem Jahr um sich herum haben oder ernten möchten.

2. Wie man z. B. die Papiertöpfchen herstellt, haben wir Ihnen
   bei den Basics auf den Klappen gezeigt. Eierkartons und Papprollen fallen in der Regel im normalen Haushaltsgebrauch an
   und können gesammelt werden.

3. Füllen Sie die Papiertöpfchen, Eierkartons oder Papprollen mit
   nährstoffarmer Aussaaterde.

4. Geben Sie in jedes Töpfchen 2–3 Samen, je nach Größe der
   Saatkörner.

5. Vorsichtig mit Wasser angießen und auf die helle, warme
   Fensterbank stellen.

6. Für eine schnellere Keimung bietet sich manchmal auch ein
   Minigewächshaus an, in welches Sie die Töpfchen stellen können.
   Es muss aber nicht sein.

7. Die Erde stets gut feucht halten.

INTERESSANT | WAS KANN ICH PFLANZEN?   Sie wissen nicht so recht,
welche Pflanzen Sie ziehen sollen? Schauen Sie doch auch einmal bei den
Kalenderwochen 10, 13, 14 oder 20 nach. Dort finden Sie Vorschläge für
Ihren urbanen Garten.

MIT DIESEN UNTER-
SCHIEDLICHEN
MATERIALIEN IM
ANGEBOT UNTER-
STÜTZEN SIE DIE
VÖGEL RUND UM IHR
ZUHAUSE.

BRUT-HILFE-PAKET
für gefiederte Freunde

MIT DEN ERSTEN VOGELGESÄNGEN, DIE SIE MORGENS ERFREUEN, BEGINNT BEI DEN VÖGELN DIE BRUTZEIT, DIE ARBEITSREICHSTE ZEIT IM GANZEN JAHR. UNTERSTÜTZEN SIE DIE VÖGEL DABEI MIT NAHRUNG, WASSER UND NISTMATERIAL.

NISTMATERIAL

Vielleicht haben Sie ein altes Kopfkissen mit Federn, das Sie ohnehin entsorgen wollen. Oder besuchen Sie doch jetzt einmal einen Pferdehof vor der Stadt. Dort werden die Pferde gerade intensiv ausgekämmt – die ausgekämmten Haare sammeln Sie ein. Stecken Sie Federn und Pferdehaare in ein Mandarinen- oder Zwiebelnetz und hängen es draußen auf. Halme und Äste bringen Sie vom Spaziergang im Grünen mit. Mehlschwalben und viele andere Vögel verwenden auch Lehm fürs Nest, den Sie in einer Schale anbieten können.

KALK FÜR DICKE EISCHALEN

Geschützt in der luftdurchlässigen Kalkschale wachsen die Vogelküken heran. Um die Schalen zu produzieren, stehen die Vogelweibchen nun auf Kalkhaltiges – z. B. leere Hühnereischalen, Tintenfischschulp und Vogelgrit aus dem Zoobedarf.

ESSEN & TRINKEN

Wer den Vogelküken noch bessere Startchancen geben möchte, bietet nun den Vogeleltern genügend Futter (Sonnenblumenkerne, Fettflocken) an. Nachweislich werden die Vogeleltern nun nicht faul und verfüttern Falsches an die Küken – nein, nein: Sie bedienen sich morgens an dem Futter für ein stärkendes Frühstück, um dann gekräftigt und gestärkt auf Nahrungssuche für die Küken zu gehen. Auch eine Schale Trinkwasser nimmt den von Sonnenaufgang bis Sonnenuntergang beschäftigten Vögeln manchen (nun unnötigen) Flug zu einer fernen Wasserstelle ab: Schaffen macht schließlich durstig.

EINE UNTERKUNFT

Hängen Sie Nistkästen auf. Achten Sie auf einen geschützten Standort, der nicht der direkten Sonneneinstrahlung ausgesetzt ist und der für Stubentiger schwer erreichbar ist.

Im September, wenn auch der letzte Vogelnachwuchs die Nistkästen verlassen hat, müssen Sie die alten Nester mitsamt den darin lebenden Parasiten wie Vogelflöhen, Milben und Zecken aus den Kästen und Höhlen entfernen, damit diese für die Nachmieter frei sind.

Zum Reinigen dürfen niemals scharfe chemische Reinigungsmittel oder gar Desinfektionsmittel verwendet werden. Lieber den Kasten nur gründlich ausfegen und evtl. mit klarem Wasser ausspülen. Dann sollte das Kasteninnere aber gut austrocknen können.

DER FRÜHLING KOMMT

Licht & Duft überall

HAT SICH DAS STADTGÄRTNERN BISHER MEHR ODER WENIGER DRINNEN ABGESPIELT, GEHT ES NUN WIRKLICH NACH DRAUSSEN. RICHTIG GRÜNE UND SAFTIGE, BUNTE PROJEKTE WARTEN AUF SIE!

NEUES HOCHBEET
für frisches Gemüse

AUF BALKON UND VERANDA, IM VORGARTEN UND HINTERHOF GEDEIHT LECKERES GEMÜSE – AUF DIESEM PRAKTISCHEN HOCHBEET. ES LÄSST SICH RUCKZUCK AUFBAUEN UND, WENN IM HERBST ABGEERNTET IST, GENAUSO SCHNELL WIEDER ABBAUEN.

Material

2 Europaletten

3 Plastikkisten (Bäckerkisten)

2 Holzlatten

Folie, Blumenerde

Saatgut und Jungpflanzen

Werkzeuge

Akkuschrauber oder Schraubendreher

Hammer

Nägel

Los geht's

1. Stellen Sie die Paletten senkrecht auf, die Oberseiten weisen nach außen.

2. Klemmen Sie drei Kisten im oberen Teil zwischen den Querstreben der Paletten ein.

3. Sichern Sie das Hochbeet, indem Sie an den beiden Seiten diagonale Latten anbringen. Lassen Sie sich dabei zur Frustvermeidung von einem lieben Menschen unterstützen, der die Paletten-Konstruktion zusammenhält, bis die Latten sie halten können.

4. Kleiden Sie die Kisten mit Folie aus, damit die Erde nicht herausfällt, und befüllen Sie sie mit der Blumenerde. Vorher noch ein paar Abzugslöcher in den Folienboden piksen.

5. Nun können Sie verschiedene Gemüse aussäen oder Jungpflanzen setzen. Die Jungpflanzen haben Sie vielleicht selbst auf der Fensterbank vorgezogen (siehe KW 8) oder Sie erwerben sie auf dem Markt.

Gemüse-Aussaaten im März

Erbsen, Erdbeerspinat, Gartenmelde, Mairüben, Möhren, Radieschen, Rettich, Rucola, Asia-Salate und Spinat können Sie schon jetzt direkt ins Hochbeet aussäen – beachten Sie dazu die Angaben auf den Samentütchen. Auch Steckzwiebeln können Sie jetzt stecken, die Zwiebelspitze schaut dabei aus der Erde heraus.

TIPP FÜR KW 18

Wenn Sie Kartoffeln im Sack anbau-
en möchten, sollten Sie sie nun vorkeimen lassen. Legen Sie sie dazu
einfach dicht nebeneinander in eine
flache Kiste oder in Eierkartons.
Günstig sind kühle Temperaturen
(10–15 °C) an einem hellen Platz
ohne direkte Sonneneinstrahlung.

AUFGEHÜBSCHT!

Streichen oder lasieren Sie die Palette vor dem Verbauen und Bepflanzen mit Acrylfarbe oder verkleiden Sie, wie unten gezeigt, die Europaletten mit dünnen Brettern.

KRÄUTER VON DER PALETTE

frisch & aromatisch

UND AUCH BEI DIESEM PROJEKT KOMMEN WIEDER EUROPALETTEN ZUM EINSATZ – DIESMAL FÜR EINEN HÄNGENDEN KRÄUTER-GARTEN. DARIN GEDEIHEN KRÄUTER, AUS DENEN SIE TEE, LIMONADE UND COCKTAILS ZUBEREITEN KÖNNEN.

Material

Europalette

ca. 1 x 0,8 m Unkrautvlies

ca. 1,6 x 1 m Teichfolie

ca. 80 Liter Blumenerde

Werkzeuge

Tacker und Klammern

Messer oder Schere

Akkuschrauber oder Schraubendreher, Schrauben

Tee-Kräuter

Gundermann, Löwenzahn, Pfefferminze und andere Minzen, Quendel, Ringelblume, Rotklee, Walderdbeere, Zitronenmelisse, Zitronenverbene

Los geht's

1. Legen Sie die Europalette mit der Oberseite (= Vorderseite) nach unten hin. Tackern Sie das Unkrautvlies auf der Innenseite entlang der vorderen Schlitze fest.

2. Bespannen Sie dann die Teichfolie so auf die Unterseite (= Rückwand), dass sie unten und an den beiden Seiten geschlossen ist, und tackern auch diese fest. Schneiden Sie überstehende Folienreste ab.

3. Stellen Sie nun die Europalette so hin, wie sie später hängen (oder stehen) wird, und füllen Sie den Innenraum der Palette mit Blumenerde, die Sie von oben mit den Händen festdrücken, um Luftlöcher zu vermeiden. Evtl. die Palette zwischendurch kurz aufstoßen, damit die Erde auch ganz nach unten fällt.

4. Schneiden Sie nun von außen das Vlies der untersten Pflanzetage kreuzförmig auf. Stecken Sie je drei Kräuter durch die Schlitze in die Erde und drücken Sie sie fest an.

5. So geht es nacheinander von Etage zu Etage, Schlitz zu Schlitz. Drei kreuzförmige Pflanzschlitze stechen, die Pflanzen hineinsetzen und festdrücken.

6. Schrauben Sie nun das Europaletten-Beet mit Haken an Zaun oder Wand fest. Aber Vorsicht beim Aufhängen. Eine bepflanzte Europalette wiegt bereits vor dem Gießen schnell mal 30 kg und mehr. Entsprechend groß und stabil müssen die Haken und Dübel zur Aufhängung sein!

7. Gießen Sie jede Pflanze vorsichtig durch die Schlitze, indem Sie den Ausgießer durch den Unkrautvliesschlitz etwas ins Substrat drücken und langsam Wasser in die Palette laufen lassen.

INSEKTEN-RASTPLATZ
"Zur Quelle"

KORNBLUME, SCHAFGARBE, FELDRITTERSPORN WUCHSEN FRÜHER AN JEDEM FELD-WEGRAND. HEUTE ZIEHEN SIE IN DIE STADT UND BRINGEN EINEN GANZEN SOMMER LANG KRÄFTIGE FARBEN IN KÖRBE, AUF BAUMSCHEIBEN UND IN DEN HINTERHOF.

Material

Pflanzgefäß

Blumenerde

Sand

Saatgut oder Samenmischung

Feldblumen-Mischung

Acker-Stiefmütterchen, Feld-rittersporn, Hasenohr, Hunds-kamille, Klatschmohn, Korn-blume, Kornrade, Lichtnelke, Saatwucherblume, Schafgarbe

Hummel- und Bienenblumen

Borretsch, Dost, Flockenblume, Glockenblumen, Hufeisenklee, Majoran, Moschusmalve, Natternkopf, Reseden, Salbei, Schwarznessel, Thymian, Wegwarte, Wundklee

Los geht's

1. Feldblumen mögen mageren Boden. Darum mischen Sie eine Handvoll Sand unter 1 Liter Blumenerde. Mischen Sie gut, damit die Erde schön feinkrümelig ist.

2. Füllen Sie die Blumenerde-Sand-Mischung in das Pflanzgefäß. Glätten Sie sie mit der Hand.

3. Streuen Sie das Saatgut auf die Erde und bedecken es dünn mit Sand.

4. Besprühen Sie die Aussaat mit Wasser, am besten aus einer Sprühflasche.

5. Stellen Sie das Pflanzgefäß an einen hellen Platz im Freien. Gut feucht halten.

6. Damit die Vögel Ihnen die Saatmischung nicht aus der Erde picken, evtl. ein Netz über das Gefäß spannen, bis die Keimung erfolgt ist.

Freie Erdflächen besiedeln

Die Feldblumen bilden nach dem Verblühen Samen und säen sich selbst aus. Die Samen verbleiben im Winter im Boden und keimen im darauffolgenden Frühjahr zu neuen Blumen aus. Dabei können einzelne Pflanzen häufiger, andere gar nicht mehr erscheinen – das hängt davon ab, wie der angebotene Standort zu den individuellen Pflanzenbedürfnissen passt. Um eine größere Vielfalt zu erhalten, können Sie einfach frisches Saatgut nach säen.

MISCHKULTUR

Der Begriff begründet den gleichzeitigen Aufwuchs mehrerer Nutzpflanzenarten auf gleicher Fläche und soll in richtiger Zusammensetzung die Nachteile von Monokulturen vermeiden.

GEMÜSE-MISCHKULTUR
in der Holzkiste

ZUCKERERBSEN, ZUCCHINI UND MÖHREN, KOHLRABI UND RADIESCHEN, KOHL UND MANGOLD GEDEIHEN DIREKT VOR IHREM HAUS AUF DEM BÜRGERSTEIG. RÜCKEN-SCHONEND ERNTEN SIE SO FORTLAUFEND LECKERES IN IHRER STADT.

Material

große Sperrholzkiste

Acrylfarbe, 2 Kanthölzer zum Unterlegen

Teichfolie zum Auskleiden

Kies als Dränage

Äste und Zweige

Laub, Stroh, Grünabfälle

Blumen- oder Gartenerde

Jungpflanzen / Saatgut

Günstige Mischkultur-Kombinationen

Diese Pflanzen mögen sich und unterstützen sich gegenseitig im Wachstum.

- Kohlrabi, Möhren, Radieschen, Zuckererbsen

- Mangold, Möhren, Rotkohl

- Buschbohnen, Erdbeeren, Kapuzinerkresse, Rote Bete

- Möhren, Pastinaken, Zucchini, Frühlingszwiebeln

Los geht's

1. Malen Sie die Holzkiste bunt an und stellen Sie sie an Ort und Stelle auf den beiden Kanthölzern auf.

2. Kleiden Sie die Kiste mit einer Bahn Teichfolie aus, um das Holz vor Feuchtigkeit zu schützen.

3. Füllen Sie zunächst ca. 5 cm Kies als Dränage ein.

4. Geben Sie klein geschnittene Äste und Zweige hinein, darauf füllen Sie bis zur Hälfte der Kistenhöhe Laub, Stroh und Grünabfälle aus der Küche auf.

5. Zuletzt folgt Erde bis etwa 5 cm unterhalb des Kistenrands, damit beim Gießen das Wasser nicht überschwappt.

6. Nun können Sie Ihre Lieblingsgemüse-Mischung säen oder Jungpflanzen setzen.

7. Gut angießen, damit die Samen keimen können oder die feinen Wurzelhärchen der Jungpflanzen gleich mit Erde eingeschwemmt werden. Tauben picken gern Saaten und junge Gemüsepflanzen aus der Erde. Darum können Sie zunächst ein Vogelschutznetz über die Kiste spannen.

8. Wichtig: Regelmäßig gießen; an warmen Plätzen und heißen Tagen täglich!

WENN SICH DER STROHBALLEN ZER-SETZT, WIRD ER WARM — DAS BE-DEUTET: FRÜHERE ERNTEN!

AUF STROHBALLEN GÄRTNERN
innovativ & unkrautfrei

GÄRTNERN FAST OHNE ERDE FUNKTIONIERT TATSÄCHLICH: EINFACH EINEN STROH-BALLEN AUF DEN BALKON, VORS HAUS ODER IN DIE EINFAHRT LEGEN, DÜNGEN, GIESSEN, ETWAS WARTEN, DANN BEPFLANZEN – UND LECKERES ERNTEN.

Material

eckiger Strohballen

Blumenerde

Jungpflanzen, gekauft oder selbst vorgezogen

Werkzeug

Gartenkelle

Los geht's

1. Legen Sie den Strohballen an Ort und Stelle.

2. Ziehen Sie den Strohballen oben in der Mitte auseinander und geben Blumenerde in die entstandenen Löcher. Reichlich gießen und 10 – 14 Tage stehen lassen, dabei immer wieder gießen. Statt Wasser können Sie auch ein- oder zweimal mit Urin gießen, der düngend wirkt.

3. Nun ist der Strohballen vorbereitet zum Bepflanzen: Machen Sie mit der Gartenkelle 2–3 ausreichend große Pflanzlöcher in der Strohballenmitte in die vorbereitete Erde und pflanzen Sie in jedes Loch ein Gemüse hinein.

4. Gleich nach dem Pflanzen gut mit Wasser gießen. Nicht vergessen: regelmäßig gießen!

Passende Gemüse-Kombis für den Strohballen

- Kürbis, Kapuzinerkresse (aussäen)

- Salat, Kohlrabi, Tomate (erst Mitte Mai pflanzen!)

- Zuckermais, Bohnen, Salat

- Erbsen, Möhren, Radieschen

- Mangold, Buschbohnen

- Zucchini, Basilikum, Kapuzinerkresse

- Sellerie, Tomate (erst Mitte Mai pflanzen!)

- Artischocke, Kohlrabi, Salat

INTERESSANT | FÜNDIG WERDEN
Strohballen erhalten Sie beim Land-wirt, auf dem Pferdehof, im Garten-center oder auf dem Internet-Markt-platz www.heu-stroh-boerse.de. Legen Sie den Strohballen nur auf steinerne oder erdige Untergründe, nicht auf Holzböden. Die könnten von der Feuchtigkeit angegriffen werden.

FRISCHE ERDBEEREN

im Zinkeimer

SELBST GEERNTET, SCHMECKEN ERDBEEREN VIEL BESSER – UND SIE LASSEN
SICH SO EINFACH IN DER STADT ANBAUEN! WÄHLEN SIE AM BESTEN IMMER
TRAGENDE MONATSERDBEEREN, DANN ERNTEN SIE BIS IN DEN OKTOBER HINEIN.

Material

1 Zinkeimerchen

Plastiktüte

Blumenerde

Erdbeerpflanzen

Erdbeeren auswählen

Monatserdbeeren tragen unab-
lässig bis zum ersten Frost, dafür
aber stets nur kleinere Früchte,
während ihre großen „Erdbeer-
schwestern", die Garten-Erdbee-
ren, im Juni/Juli die ersten
Früchte tragen und nach einer
Ruhepause im Spätsommer/
Herbst noch einmal nachlegen.
Während die erste Ernte oft
reichlich ausfällt, erscheinen die
späten Früchte meist nur verein-
zelt. Mit der Kletter-Erdbeere®
Hummi® *(Fragaria x ananassa)*
können Sie im Beet & Kübel mo-
natelang am Rankgitter ernten.

Los geht's

1. Stellen Sie eine Plastiktüte mit ein paar Löchern im Boden in den
   leeren, sauberen Zinkeimer und füllen Sie sie mit Blumenerde.
   Der Zinkeimer sollte auch ein Abzugsloch haben.

2. Schieben Sie die Erde an den Rand und setzen Sie in die entstandene Vertiefung eine Erdbeerpflanze hinein. Achten Sie
   darauf, dass die Erdbeerpflanze nicht zu hoch und nicht zu tief
   sitzt: Die Wurzeln dürfen nicht aus der Erde herausschauen und
   das „Herz" in der Mitte der Pflanze mit den grünen Vegetations-
   spitzen darf nicht von Erde bedeckt sein.

3. Füllen Sie nun Erde auf, sodass die Wurzeln gut bedeckt sind.
   Dann drücken Sie die Erde gut an die Wurzeln an, füllen evtl. noch
   etwas Erde nach. Gießen. An einen hellen Platz stellen. Fertig.

4. Stets gut feucht halten.

Gefäßvarianten

Plastiktasche (z. B. eine Tasche für Zelt-Heringe) mit Erde füllen,
mit einem scharfen Messer 3 – 4 Kreuze hineinschneiden und in
jedes so entstandene Pflanzloch eine Erdbeerpflanze setzen. Salat-
siebe sind prima Erdbeer-Hängeampeln, die Sie mit einer Kette aufhängen können. Damit die Erde beim Gießen nicht durch die Löcher
ausgeschwemmt wird, vor der Pflanzung einen sauberen Spüllappen
zuunterst in das Sieb legen.

INTERESSANT | ERDBEEREN BILDEN AUSLÄUFER   Das sind lange
Ranken, an deren Enden von selbst neue Pflanzen mit Blättern entstehen.
Schneiden Sie die beblätterten Neupflanzen ab und topfen Sie sie in Erde
ein. So bekommen Sie wie von selbst immer wieder neue Erdbeerpflanzen.

PROBIEREN SIE DOCH MAL MOSCHUSERD-BEEREN: SEHR SÜSS, SEHR LECKER!

GRÜNE SMOOTHIES

Im Upcycling-Garten gedeihen auch Grünzeug für Smoothies (Löwenzahn, Melisse, Minze, Gänseblümchen, Babyspinat, Römersalat), Erdbeeren (KW 15), Salate (KW 30) und jede Menge Blumen.

UPCYCLING
mit Gläsern & PET-Flaschen

PET-FLASCHEN UND WECK- ODER JOGHURTGLÄSER MIT WASSER AUSSPÜLEN – FERTIG SIND PERFEKTE GEFÄSSE FÜR KRÄUTER WIE PFEFFERMINZE UND SOGAR GEMÜSE WIE FRÜHLINGSZWIEBELN, DIE AUFGEHÄNGT AN DER WAND WACHSEN DÜRFEN.

Material

1 Liter PET-Flaschen

500-ml Weck- oder Joghurt-Gläser

Blumenerde

Pflanzen

Für die Halterungen

Kabelbinder, Wäscheleine

Bast, Stoffreste

Bambusstangen

Besenstiele

Werkzeuge

Bohrer

Schere

Los geht's

1. Gründlich säubern und die Etiketten von den PET-Flaschen und Joghurt-Gläsern ablösen. Dazu einfach in Wasser einweichen.

2. Bei der Wäscheleinenkonstruktion (Foto oben) bohren Sie im oberen und unteren Bereich der PET-Flaschen je 2 gegenüberliegende Löcher für die Seilführung. Dann schneiden Sie ein großes Fenster als Pflanzloch in jede Flasche.

3. Ziehen Sie die Kordeln durch die Löcher der PET-Flaschen und fixieren Sie die Flaschen mit Knoten übereinander, z. B. an einem Sichtschutz-Element.

4. Mit Erde befüllen und bepflanzen.

5. Bei der waagerechten PET-Flaschenkonstruktion (Foto Mitte) schneiden Sie in jede Flasche ein Fenster oberhalb der Flaschenmitte als Pflanzloch und bohren in den Boden ein Wasserabzugsloch.

6. Vor der Bepflanzung empfiehlt es sich, zuunterst eine kleine Dränage aus Kies einzufüllen. Dann Erde einfüllen und bepflanzen. Bei den Frühlingszwiebeln ist die Pflanztiefe doppelt so tief wie die Zwiebel groß ist.

7. Befestigen Sie die Flaschen an dem Bambusstiel, indem Sie z. B. reißfesten Bast um den Flaschenhals wickeln.

8. Bei der Weckgläserkonstruktion (Foto unten) benötigen Sie für die Halterung Besenstiele wegen des erhöhten Gewichts der Gläser. Befestigen Sie die Gläser mit Kabelbindern nebeneinander an den stabilen Besenstielen. Mit den Stoffresten können Sie die Kabelbinder verdecken.

STECKEN SIE SONNEN-
BLUMENKERNE (MIT
SCHALE) AUS DEM VOGEL-
FUTTER IN DIE ERDE!

SONNENBLUMEN
ganz groß

KEIN SOMMER OHNE SONNENBLUMEN! BEIM ANBLICK DER GROSSEN PFLANZE MIT DEN RIESIGEN BLÜTENKÖPFEN VERKENNT MAN SCHNELL, DASS ES SICH UM EINJÄHRIGE PFLANZEN HANDELT, DIE JEDES JAHR NEU AUSGESÄT WERDEN WOLLEN.

Material

Sonnenblumenkerne
= Sonnenblumensamen

Große Sortenvielfalt

Es gibt niedrig wachsende Sonnenblumen mit 40 cm Höhe bis hin zu Riesen mit 3–4,5 m Höhe. Die Blütenkopfgrößen und Farben variieren ebenfalls. Wählen Sie einfach Ihre Lieblingssorten – achten Sie dabei auch darauf, wohin Sie die Sonnenblumen setzen möchten. Hohe Sorten wollen einen windgeschützten Platz, am besten vor einer Wand, und brauchen viel Platz. Niedrige Sorten können Sie auch dicht an dicht auf einem Streifen vorm Haus gedeihen lassen.

Los geht's

1. Säen Sie die Sonnenblumensamen (am schönsten in Gruppen oder Reihen) an Ort und Stelle aus – in offene Erde vorm Haus, in Beete und Streifen am Bürgersteig, auf Verkehrsinseln, in Kübel und Kästen. Sonnenblumen sind auch ein toller Sommer-Sichtschutz für unschöne Ecken. Wählen Sie dabei möglichst sonnige Plätze, denn an kühlen, schattigen Standorten gefällt es den Sonnenblumen nicht. Schöne Idee: Säen Sie Sonnenblumen entlang des täglichen Wegs zur Arbeit, Schule, zum Kindergarten oder zu Freunden. Stecken Sie die Sonnenblumensamen ein paar Zentimeter tief in die Erde. Bei großen Sonnenblumen sollten Sie einen Abstand von 30–40 cm zwischen den einzelnen Pflanzen wählen.

2. Gut wässern. Sonnenblumen brauchen viel Wasser. An heißen Tagen sollten sie sogar täglich gegossen werden.

3. Elf Wochen nach dem Aussäen blühen die ersten Blütenköpfe auf und bis in den Herbst hinein.

4. Sollte ein Stängel abknicken, so verwenden Sie einen Bambusstab als Schiene. Fixieren Sie ihn einfach an der Bruchstelle mit Paketklebeband.

Jungpflanzen ziehen

Sie können Sonnenblumen auch auf der Fensterbank vorziehen (siehe KW 8) und dann als kleine Jungpflanzen draußen in die Erde pflanzen.

INTERESSANT | NEUES SAATGUT ERNTEN   Nach dem Verblühen lassen Sie die Sonnenblumen einfach stehen. Dann bilden sich die Samen = Sonnenblumenkerne. Diese können Sie (sofern die Vögel noch was übrig lassen) im Herbst sammeln – als Vogelfutter für den Winter oder für die Aussaat im kommenden Jahr.

KARTOFFELN IM SACK
praktisch verpackt

KARTOFFELN KÖNNEN SIE GANZ EINFACH IN EINEM GROSSEN BEHÄLTNIS DRAUSSEN VOR DER TÜR WACHSEN LASSEN. DIE ERNTE IST ZWAR NICHT GANZ SO ÜPPIG WIE AUF EINEM KARTOFFELACKER, DAFÜR SIND SIE SELBST ANGEBAUT!

Material

Gartensack, BigBag, Kübel oder ähnliches Pflanzgefäß (Durchmesser mindestens 50 cm)

Garten- oder Blumenerde

Hornspäne

Pflanzkartoffeln

Los geht's

1. Am besten lassen Sie die Kartoffeln im März vorkeimen (siehe KW 8).

2. Mischen Sie nach der Packungsanleitung Hornspäne unter die Erde. Sie sollte gut feucht sein.

3. Füllen Sie den Pflanzsack ca. halbvoll mit dem feuchten Substrat. Legen Sie dann 2–3 Kartoffeln hinein und bedecken Sie diese mit 10 cm Erde.

4. Die Kartoffeln treiben nun im Lauf der nächsten Wochen mit grünen, beblätterten Trieben aus. Wenn diese Triebe 20–30 cm hoch sind, füllen Sie so viel Erde nach, bis die Triebe bedeckt sind – das fördert die Knollenbildung.

5. Halten Sie das Erdreich gut feucht, vor allem in den ersten 3 Wochen nach der Blüte, denn zu diesem Zeitpunkt werden die Knollen gebildet – sie bleiben bei Wassermangel nur klein. Um Pilzkrankheiten zu verhindern, sollten Sie möglichst am Vormittag nur die Erde wässern (nicht Triebe und Laub).

6. Geerntet wird zwei Wochen, nachdem das Laub abgestorben und vertrocknet braun geworden ist – das ist etwa ab Mitte September der Fall. Zur Ernte kippen Sie einfach das Gefäß um und sortieren die Kartoffeln heraus. Kleine Kartoffeln können Sie als Pflanzkartoffeln fürs kommende Jahr lagern.

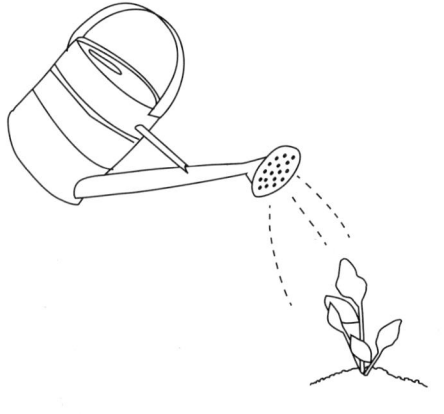

INTERESSANT | BESORGEN SIE SICH SAATKARTOFFELN Denn Speisekartoffeln aus dem Supermarkt können mit keimhemmenden Mitteln behandelt sein und keimen dann nicht. Kartoffeln gibt es in einer enormen Fülle an Sorten mit verschiedenen Schalen- und „Fleisch"-Farben sowie Kocheigenschaften von festkochend für Salate bis mehlig kochend für Püree. Achten Sie auch auf die hübschen Blütenfarben der verschiedenen Sorten.

GARTENSÄCKE UND BIG-BAGS SIND IDEAL FÜR DIE KARTOFFEL-KULTUR. IN JEDEN SACK KANN EINE ANDERE SORTE ZUM VERGLEICH.

RICHTIG LECKER!

Ernten Sie die Zucchini, bevor sie länger als 20 cm sind. Auch die Blüten schmecken lecker, etwa gefüllt mit einer herzhaften Reis- oder Fleischfüllung oder Ricotta und Parmesan.

ZUCCHINI
in der Tasche

IN DER STADT GIBT ES GENÜGEND WANDFLÄCHE. WEIL DER FUSSRAUM EHER
KNAPP BEMESSEN IST, WIRD DIE VERTIKALE FÜRS STADTGÄRTNERN GENUTZT:
Z. B. IN RANKENDEN GENÜSSEN. VORAUSSETZUNG: EIN SONNIG WARMER PLATZ.

Material

Shopper oder
große Einkaufstasche

Blumenerde, Hornspäne

rankende Zucchini-Jungpflanze,
Sorten: 'Black Forest', 'Temprano
de Argelia' oder Schlangen-Zuc-
chini 'Serpente di Sicilia'

2 stabile, einigermaßen
gerade Äste

reißfeste Schnur

Los geht's

1. Suchen Sie einen sonnig-warmen Platz vor einer Wand.
   Dort platzieren Sie das Shopper-Pflanzgefäß.

2. Füllen Sie das Gefäß mit Blumenerde, der Sie am besten
   Hornspäne beigemischt haben, (Dosierung siehe Packung).

3. Pflanzen Sie die Zucchini, gut angießen.

4. Stecken Sie die Äste so in das Pflanzgefäß, dass sie an der
   Wand lehnen. Befestigen Sie die Paketschnur im Zickzack an
   den Ästen; sie ergeben das Rankgerüst für die Ranken.

5. Täglich gießen, durch Wassermangel werden die Zucchinis bitter.

6. Ernten Sie die Zucchini, wenn sie 12–20 cm lang sind – dann
   schmecken sie am besten. Aber auch die Blüten sind essbar.

Weitere Gemüse für die Tasche:

- Kürbis, Kalebassen (Flaschenkürbis): Wählen Sie die rankenden
  Sorten 'Sweet Dumpling', 'Rondini' oder 'Patisson'. Säen Sie
  3–5 Samen jetzt direkt in ein großes Pflanzgefäß mit mindestens
  25 Liter Erde und stabilem Rankgerüst, täglich gießen, einmal
  wöchentlich Volldünger nach der Packungsanleitung ins Gießwasser geben.

- Gurken: Wählen Sie die Sorte 'Helena' oder so etwas Besonderes
  wie die Mexikanische Minigurke (Melothria scabra), die bestens im
  „Kübel" gedeihen. Am besten ziehen Sie die Samen im Februar an
  der Fensterbank vor (siehe KW 8) und pflanzen Sie ab Mitte Mai in
  ein Pflanzgefäß (15 Liter Erde). Erde immer feucht halten und einmal im Monat düngen.

- Wassermelonen: Sie eignen sich ebenfalls gut, etwa die alte Sorte
  'Moon & Stars' oder 'Cream of Saskatchewan'.

IHREN NAMEN VER-
DANKEN FEUERBOH-
NEN IHREN KRÄFTIG
ROTEN BLÜTEN.

KÖSTLICHE BOHNEN
als Sichtschutz

EINE HÄSSLICHE WAND, DER KLEINE SITZPLATZ AUF DEM BALKON, DIE MÜLLTONNEN VORM HAUS – ALL DAS SCHREIT NACH SICHTSCHUTZ! NA KLAR! DAS GEHT GANZ EINFACH MIT RANKENDEN BOHNEN, UND ZU ERNTEN GIBT ES AUCH WAS.

Material

Rankgerüst (z. B. von KW 5), Bohnenstangen, Schnüre

Sisal- oder Kokosschnüre, Kabelbinder

Pflanzgefäß (mindestens 20 Liter Erde pro Pflanze notwendig)

Blumenerde

Bohnen zum Aussäen

Bohnenarten

Stangenbohnen: Wählen Sie eine Sorte mit grünen Hülsen, die sind robuster als die Sorten mit gelber Hülse. Hübsch sind Stangenbohnensorten mit bunt-marmorierten Hülsen.

Prunk- oder Feuerbohnen: Sie blühen herrlich orange und bringen besondere Farbtupfer.

Los geht's

1. Stellen Sie ein Rankgerüst auf, traditionelle Bohnenstangen sind bis zu 3 m lang. Sie können auch Schnüre spannen.

2. Platzieren Sie das Pflanzgefäß so, dass die rankenden Bohnentriebe sofort das Rankgerüst oder die Schnüre erreichen. Füllen Sie Erde in das Gefäß.

3. Sie benötigen pro Stange/Schnur 5–6 Bohnen. Weichen Sie die Bohnen über Nacht zum Quellen in dünnem, lauwarmem Kamillentee ein. Dann keimen sie besser.

4. Stecken Sie die Bohnen halbkreisförmig um jede Stange/Schnur 2–3 cm tief in die Erde. Gut gießen.

5. Halten Sie die Erde stets gut feucht, sie darf nicht austrocknen.

6. Rasch erscheinen die ersten grünen Triebe, die sich um alles schlingen, was ihnen in den Weg kommt. Helfen Sie ihnen, die richtigen Stangen zu finden.

7. Wenn die Stangenbohnen eine Höhe von 2 m erreicht haben, schneiden Sie sie oben ab – sie verzweigen sich und werden dichter.

8. 8 – 12 Wochen nach dem Setzen können Sie ernten. Pflücken Sie die ganzen Hülsen, solange Sie noch keine Wölbungen von den Bohnenkernen haben! Je mehr sie ernten, umso mehr Blüten erscheinen, aus denen sich neuen Bohnenhülsen entwickeln. Stangenbohnen blühen und tragen Früchte bis es kalt wird, dann sterben die Pflanzen ab.

INTERESSANT | NOCH MEHR KLETTERER Neben Bohnen beranken auch viele andere Kletterpflanzen rasch das aufgestellte Rankgerüst: Kletternde Kapuzinerkresse und Malabarspinat (Basella alba) sind essbare Ranker, Schwarzäugige Susanne, Prunk-, Glocken- und Sternwinde blühende Alternativen. Für schattige Plätze wählen Sie ein Gehölz (Kletterhortensien, Efeu oder Immergrünes Geißblatt), das einmal gepflanzt jedes Jahr ein Stückchen größer wird.

TOMATENTÖPFE
mit Regenschutz

WAS SCHON VOR ÜBER 2000 JAHREN VON DEN MITTELAMERIKANISCHEN AZTEKEN ALS XITOMATL KULTIVIERT WURDE, WÄCHST HEUTE IN KÜBELN, GROSSEN TÖPFEN UND GEFÄSSEN: ROTE, GELBE, ORANGE UND SOGAR LILAFARBENE TOMATEN.

Material für 3 Tomatentöpfe

3 hohe Töpfe, Gefäße, Kübel aus Kunststoff, Ton oder Keramik, Durchmesser ca. 35 cm

3 Tonscherben oder 3 Handvoll Kieselsteine

75 Liter Bio-Universalerde ohne Torf

3 Pferdeäpfel oder 3 Handvoll reifer Kompost

3 Tomatenpflänzchen

3 1,5 m lange Pflanz-, Bambus- oder Tomatenstäbe

Bast, Sisal-Bindegarn, Gartengarn oder Nylonstrumpfreste

Werkzeuge

Handschaufel

Gießkanne

Los geht's

1. Tonscherbe über das Ablaufloch im Topf legen oder eine Handvoll Kieselsteine einfüllen. Danach den Topf halbvoll mit Blumenerde füllen.

2. Ein Pflanzloch in die Mitte machen und in die Mitte einen Pferdeapfel oder eine Handvoll Kompost geben.

3. Tomatenpflanze so auf den Pferdeapfel oder Kompost setzen, dass die Wurzeln gestreckt sind.

4. Erde bis 5 cm unterhalb des Topfrandes auffüllen; die beiden untersten Blättchen (Keimblätter) der Tomatenpflanze sollten bedeckt sein. Nicht vergessen: Die Erde um den Wurzelballen fest anzudrücken.

5. Stab in die Erde stecken und die Tomate daran festbinden.

6. Gründlich mit Wasser angießen.

7. Die 3 Tomatentöpfe ins Freie stellen an einen sonnig-warmen, luftigen und regengeschützten Platz, z. B. an die Südwand von Haus und Mauern. Vor direkten Regentropfen kann auch ein „Schirm-Schutz" helfen.

8. Ab Juli fortlaufend reife Tomatenfrüchte ernten, grüne reifen auf der Fensterbank nach.

INTERESSANT | KLEINE PFLEGEANLEITUNG   Tomatenpflanzen mögen keine Nässe von oben. Darum gießen Sie täglich nur die Erde im Kübel, ohne dass Wasser auf die Blätter gelangt. Staunässe vermeiden. Regelmäßig nachbinden und alle Triebe, die zwischen dem Hauptstängel und den Blütentrieben wachsen, sowie alle Seiten- und Nebentriebe ausbrechen (ausgeizen). Sie kosten die Pflanze viel Kraft und liefern weniger Tomaten.

BRENNNESSELN
Energiebündel im Topfgarten

BRENNNESSELN ENTHALTEN WERTVOLLE INHALTSSTOFFE WIE VITAMIN A, B, C UND E UND SIND EINE TOLLE ERGÄNZUNG IN IHREM KRÄUTER-TOPFGARTEN. DIE BLÄTTER UND SAMEN SCHMECKEN IN VIELEN GERICHTEN EINFACH KÖSTLICH.

Material

Gartenhandschuhe

Eimer, großer Blumentopf oder anderes Pflanzgefäß

Blumenerde

Brennnesselpflanzen

Werkzeuge

Spaten

Gartenschere

Fleischwolf od. Mixer

für die Zubereitung

Achtung!

Brennnesseln haben Brennhaare, die bei Kontakt abbrechen und zu brennenden Hautreaktionen führen. Das können Sie bei direktem Hautkontakt tun:

- mit Coolpad kühlen

- Speisequark dick auftragen

- juckreizstillende Salbe auftragen

Los geht's

1. Teilen Sie mithilfe des Spatens ein Pflanzenstück von einer größeren Pflanze ab, indem Sie einige Stängel als Schopf zusammenfassen (Gartenhandschuhe tragen) und kräftig daran ziehen. Kappen Sie längere Wurzeln ebenfalls mit dem Spaten ab.

2. Schneiden Sie die so entstandene Pflanze kräftig zurück. Die Stängel verwelken nach dem Umtopfen in der Regel sowieso und die Pflanze kann frisch und kräftig neu austreiben.

3. Füllen Sie Erde in ein Pflanzgefäß und pflanzen Sie die Brennnesseln ein. Nicht zu tief topfen und gut angießen.

4. Brennnesseln brauchen stickstoffreichen, feuchten Boden – halten Sie darum den Boden stets gut feucht. Geben Sie dem Gießwasser nach den Packungsangaben einen Flüssigdünger zu.

5. Brennnesseln sind mehrjährig. Stellen Sie den Topf über Winter an eine geschützte Stelle; im nächsten Frühjahr treiben die Wurzeln neu aus.

Brennnessel-Rezepte

- Blätter: roh klein geschnitten als Salat und im Smoothie, gekocht wie Spinat als Gemüse, mit heißem Wasser übergossen als Tee, zum Räuchern

- Blüten und Samen: roh oder knusprig geröstet als Brotbelag, für Müsli und Salat

- Ausgepresster Pflanzensaft: wirkt vitalisierend, gut gegen Frühjahrsmüdigkeit

PRICKELND!

Ernten Sie morgens ein paar Blätter für den frischen Frühstückstee, der gibt jede Menge Energie für den Tag. Zudem entschlackt Brennnesseltee und wirkt sich positiv auf das Hautbild aus.

MITTEN IM SOMMER

eine grüne Stadtoase

DIE SCHÖNSTE JAHRESZEIT BEGINNT UND IN IHREM STADTGARTEN GRÜNT UND BLÜHT UND FRUCHTET ES. GENIESSEN SIE JEDE SEKUNDE IN IHREM GRÜNEN PARADIES! WEITERE PROJEKTE MACHEN ES NOCH SCHÖNER!

FASSADENKLETTERER

jedes Jahr anders

WÄNDE, MAUERN, BALKONE UND HINTERHÖFE GRÜNEN UND BLÜHEN AUF. UND WEIL DIE VORGESTELLTEN SOMMERBLUMEN NUR EINE SAISON GEDEIHEN, KÖNNEN SIE DIE FASSADE JEDES JAHR FRISCH GESTALTEN MIT ANDEREN KLETTERPFLANZEN.

Material

Blumenkasten, Pflanzkistchen und ähnliches Pflanzgefäß evtl. mit Untersetzer

Blumenerde

Kies

Schnüre

Saatgut oder Pflanzen

Einjährige Schlinger

Edelwicke *(Lathyrus odoratus)*, Große Kapuzinerkresse *(Tropaeolum majus)*, Kanarische Kapuzinerkresse *(Tropaeolum peregrinum)*, Mondblume *(Ipomoea alba)* (siehe Bild), Prunkwinde *(Ipomoea)*, Rosenkleid *(Rhodochiton atrosanguineus)*, Schneckenbohne *(Vigna Caracalla)*, Schönranke *(Eccremocarpus scaber)*, Schwarzäugige Susanne *(Thunbergia alata)*, Sternwinde *(Ipomoea lobata)*

Los geht's

1. Suchen Sie sich Ihre Lieblings-Schlingpflanze aus, im Gartencenter oder Internet. Jedes Jahr gibt es neue Sorten mit herrlichen, ungewöhnlichen und exotisch anmutenden Blüten. Schauen Sie sich um!

2. Damit sich das Wasser nicht unten im Pflanzgefäß anstaut, sollte es entweder über Abflusslöcher am Boden verfügen (dann stellen Sie das Pflanzgefäß auf einen Untersatz oder in einen Übertopf) oder Sie füllen zunächst eine 3 cm hohe Schicht aus Kies als Dränage ein.

3. Füllen Sie Blumenerde in das Pflanzgefäß.

4. Zwei Möglichkeiten: Entweder säen Sie nun Sommerblumen nach den Angaben auf den Samentütchen aus oder Sie pflanzen eine gekaufte Pflanze in das Gefäß.

5. Mit einer sanften Brause vorsichtig mit Wasser übergießen bzw. angießen.

6. An den vorgesehenen Platz stellen, dabei stets die Erde feucht halten. Sie darf nicht austrocknen.

7. Leiten Sie ein paar Schnüre nach oben, falls es keine Regenrinne oder andere Festhaltemöglichkeiten gibt, an denen sich die Triebe emporranken können.

8. Manche Schlinger ranken übermäßig. Achten Sie darauf, die trockenen Triebe im Herbst noch gut entfernen zu können. Ansonsten ist regelmäßiges Stutzen Pflicht. Ihr Vermieter, Nachbar etc. wird es Ihnen danken.

BLÜTEN- & KRÄUTER
frisch auf dem Tisch

WIE PRAKTISCH IST DENN DAS! AM TISCH WACHSEN LECKERE KRÄUTER UND BLUMEN, DIE NICHT NUR FEIN DUFTEN, SONDERN FRISCH GEPFLÜCKT SOFORT SUPPEN, SALATE, GEMÜSE UND SÜSSSPEISEN VEREDELN. FRISCHE PUR!

Material

Holztisch für draußen

Pflanzwanne aus Kunststoff

Kies

Blumenerde

Pflanzen oder Saatgut

Brunnenkresse *(Nasturtium)*, Kapuzinerkresse *(Tropaeolum majus* 'Alaska Salmon orange'*)*, Ringelblume, Petersilie, Salbei, Stiefmütterchen

Los geht's

1. Versierte Handwerker bauen aus dicken Holzlatten einen 2 m langen und 1,5 m breiten Tisch, in dessen Mitte eine 1,8 m lange, 50 cm breite Kunststoffwanne eingelassen wird. Alle anderen kaufen einen Tisch und sägen in dessen Mitte eine Aussparung für die Kunststoffwanne.

2. Füllen Sie in die Pflanzwanne eine 2 cm dicke Dränageschicht aus Kies ein.

3. Geben Sie darauf die Blumenerde, in die Sie die gewünschten Kräuter ebenerdig einpflanzen.

4. Gut angießen und die Erde stets feucht halten.

Bepflanzungsideen

– Essbare Kräuterblüten: Borretsch, Gänseblümchen, Kapuziner- kresse, Lavendel, Minzen, Ringelblumen, Schnittlauch

– Zierblüten zum Essen: Begonien, Chrysanthemen, Herbstastern, Hornveilchen, Kornblume, Kosmeen, Stiefmütterchen, Taglilien

– Cocktail-Kräuter: Zitronenmelisse, Ananasminze, Apfelminze, Pfefferminze, Zitronenverbene

– Pizza frisch am Tisch: Cocktail-Tomaten, Oregano, Basilikum

INTERESSANT | MASSGEFERTIGT Kunststoffwannen mit 5 – 21 cm Höhe in beliebiger Länge und Breite gibt es z. B. bei www.florever.at. Fündig werden Sie auch in Baumärkten; neue Ölauffangwannen eignen sich ebenfalls.

IN KW 44 ERFAHREN
SIE, WIE SIE ROSEN,
LAVENDEL UND
ANDERE PFLANZEN
ÜBER DEN WINTER
BRINGEN.

DUFTPFLANZEN
vor dem Fenster

WENN IM SOMMER FENSTER UND BALKONTÜREN OFFEN STEHEN, ZIEHT VON DRAUSSEN MIT DER PASSENDEN BEPFLANZUNG EIN FEINER DUFT IN DIE WOHNUNG. TAGSÜBER SIND DAS Z. B. ROSEN, ABENDS GEISSBLATT UND ANDERE „NACHTDUFTER"!

Material

Eimer, Kübel oder ähnlich großes Pflanzgefäß (mindestens 25 cm hoch, 40 cm im Durchmesser)

evtl. Rankgerüst

Kies, Blumenerde

Pflanzen

Duftrosen

Historische, Englische und Romantik-Rosen sehen toll aus und duften fein. Für Gefäße geeignete Sorten sind u.a. 'Apricot Parfait' (pastellapricot bis rosa), 'Golden Celebration' (goldgelb), 'Heritage' (seidigrosa), 'Moonlight' (weiß), 'St. Swithun' (rosa). An schattigeren Plätzen gedeihen auch die duftenden Kletterrosen 'Madame Alfred Carrière' (zartrosa-weiß) und 'Zéphirine Drouhin' (rosa).

Nachtduftende Pflanzen

Duftender Schneeball (ohne Rankgerüst), Duftlevkojen, Geißblatt (mit Rankgerüst), Lichtnelken, Nachtkerzen, Nachtviolen

Los geht's

1. Gehen Sie auf Platzsuche: Vor allem Rosen benötigen einen möglichst sonnigen Standort, wenn sie ihre volle Pracht entfalten sollen.

2. Kletternde Rosen und andere rankende Pflanzen benötigen ein Rankgerüst oder vorhandene Gebäudestrukturen wie Zäune, Balkon- und Treppengeländer, an dem die langen Triebe Halt finden und emporranken können. Installieren Sie daher zunächst ein stabiles Rankgerüst.

3. Platzieren Sie das Pflanzgefäß an Ort und Stelle.

4. Füllen Sie eine 5–10 cm hohe Dränageschicht aus Kies in das Pflanzgefäß, danach die Blumenerde.

5. Setzen Sie die Pflanze in die Blumenerde. Drücken Sie die Erde rundherum gut an die Wurzeln an und füllen ggfs. noch Blumenerde nach. Der Gefäßrand sollte mindestens 5 cm herausgucken, damit beim Gießen kein Wasser überläuft.

6. Gut angießen.

7. Leiten Sie bei rankenden und kletternden Pflanzen die Triebe zum Rankgerüst, damit sie gleich Halt finden.

8. Nun die Erde stets gut feucht halten und bis zum August einmal wöchentlich mit Flüssigdünger düngen, den Sie nach der Packungsanleitung ins Gießwasser geben.

INTERESSANT | FÜR EINEN ERHOLSAMEN SCHLAF
Wie wäre es mit einem Blumenkasten voller immer duftender Kräuter, wie z. B. Lavendel, vor Ihrem geöffneten Fenster, dessen sanfter Duft Sie in den Schlaf wiegt?

MINITEICHE
im Vintage-Look

WASSER ZIEHT MAGISCH AN – UND PASST SOGAR AUF DEN KLEINSTEN BALKON. ES DARF NATÜRLICH AUCH GRÖSSER SEIN, WENN DER BALKON GENÜGEND TRAGKRAFT HAT. GEFÄSSE UND PFLANZMÖGLICHKEITEN GIBT ES JEDENFALLS ZUHAUF.

Material

wasserdichter Behälter (Eimer, Gefäß, Fass, Zuber, Wanne, Kübel, Keramiktopf)

evtl. Teichfolie

Teicherde

Kies, Wasserpflanzkörbe

Wasserpflanzen

Feenmoos, Froschlöffel, Hechtkraut, Kalmus, Pfennigkraut, Schwimmfarn, Sumpfcalla, Wasserhyazinthe, Wasserminze, Wassernuss, Wassersalat, Wasserschlauch, Zwerg-Rohrkolben, Zwerg-Seerose, Zypergras.

INTERESSANT | DIE RICHTIGEN ZUTATEN   Verzichten Sie im Miniteich auf Fische. Sie leiden darin, weil sich das Wasser aufheizt und der Sauerstoff knapp wird, und reichern zudem das Wasser mit nährstoffreichem Kot an, was das Algenwachstum fördert.

Los geht's

1. Wählen Sie einen Platz für den Miniteich aus, optimal sind 6 Stunden Sonnenschein täglich, am besten vormittags oder nachmittags. Doch eignen sich auch alle anderen Standorte, außer schattige Nordbalkone oder sengend heiße Dachterrassen.

2. Falls der Behälter nicht wasserdicht ist oder geschützt werden muss, kleiden Sie ihn mit Teichfolie aus. Auch die beliebte Zinkwanne sollten Sie mit Folie auskleiden.

3. Waschen Sie den Kies mit Wasser, damit er das Wasser im Miniteich nicht trübt. Bedecken Sie dann den Boden mit einer dickeren Schicht Kies und füllen Wasser ein.

4. Setzen Sie die Wasserpflanzen einzeln in die Wasserpflanzkörbe. Dazu füllen Sie zunächst Kies auf den Boden der Pflanzkörbe und stellen die Wasserpflanzen hinein. Dann mit Teicherde auffüllen und zum Schluss wieder mit einer dünnen Schicht Kies bedecken.

5. Stellen Sie die bepflanzten Pflanzkörbe in den Miniteich. Bauen Sie in einem größeren Gefäß Stufen durch ausgelegte Ziegelsteine oder umgedrehte Blumentöpfe ein. Das wirkt natürlich und kommt den Bedürfnissen der Wasserpflanzen entgegen.

6. Schwimmpflanzen wie Wassersalat legen Sie einfach auf die Wasseroberfläche. Sie können auch abgeschnittene Blüten von Dahlien, Rosen etc. treiben lassen und am Abend Schwimmkerzen.

7. Nicht enttäuscht sein, weil das Wasser trüb ist – es klärt sich bald.

8. Pflege: Füllen Sie regelmäßig Wasser nach, damit es immer gleich hoch steht. Hineingefallene Blätter und abgestorbene Pflanzenteile gründlich entfernen, damit das Wasser schön klar bleibt.

9. Im Winter: Stellen Sie im ausgehenden Oktober/November den Mini-Teich an einen frostfreien Platz, Sie können größere Pflanzen auch in wassergefüllten Eimern frostfrei überwintern.

WOHLFÜHLPFADE
schnupper & relax

AUF DEM WEG ZUR HINTERHOFLAUBE, VOR EINER SITZBANK ODER DORT, WO RASENGITTERSTEINE VERLEGT SIND, BREITEN SICH DUFTENDE GRÜNFLÄCHEN AUS RÖMISCHER KAMILLE, MINZE UND THYMIAN AUS. EIN FEST FÜR DIE SINNE!

Material

Blumenerde

Sand

Rasenartig wachsende Duftkräuter

Römische Kamille 'Treneague' [1], Polei- und Teppichpoleiminze, Korsische Minze, verschiedene Thymiane wie Feld- oder Zitronenthymian [2], Farn-Fiederpolster [3]

Werkzeuge

Kultivator (Grubber) oder Grabegabel

Handschaufel

INTERESSANT | HABEN SIE ETWAS GEDULD Die Pflanzen sollten erst richtig angewachsen sein, bevor Sie sie begehen. Lieber die ersten 4 Wochen nur schnuppern und mit den Händen über die Pflanzen streichen. Später macht ein Spaziergang den Pflanzenpolstern nichts mehr aus.

Los geht's

1. Entnehmen Sie einzelne Steinplatten aus dem Belag oder suchen Sie ein passendes Fleckchen, auch zwischen Rasengittersteinen oder in offenen Fugen zwischen Bodenplatten oder am Mauerfuß.

2. Entfernen Sie möglichen Bewuchs und lockern Sie den Boden gründlich 10 – 20 cm tief auf. Stechen Sie mit einer Grabegabel in den Boden und brechen ihn auf, indem Sie die Grabegabel halb bis zum Boden senken. Der Boden darf nicht betonähnlich verhärtet sein.

3. Mischen Sie Blumenerde und Sand zu gleichen Teilen und füllen Sie sie dort nach, wo Erdboden fehlt.

4. Verteilen Sie nun die Duftkräuter auf der Fläche: Auf eine 50 x 50 cm große Fläche oder einen 1 m langen, 25 cm breiten Pflanzstreifen pflanzen Sie jeweils 4 Pflanzen – das macht 16 Pflanzen pro Quadratmeter.

5. Heben Sie nun für jede Pflanze ein Pflanzloch aus, das mindestens um ein Drittel größer als der Wurzelballen im Töpfchen ist.

6. Pflanzen Sie die Kräuter ebenerdig in den Boden und füllen mit Erde auf, die Sie dicht an den Wurzelballen herandrücken, weitere Erde auffüllen. Zur Bepflanzung von engen Fugen oder Rasengittersteinen teilen Sie die Kräuter vor der Pflanzung mit einem scharfen Messer und setzen jeweils nur Teilstücke hinein.

7. Gründlich angießen! In den ersten Wochen nach dem Pflanzen sollten Sie besonders häufig gießen und das Erdreich gut feucht halten.

[1.]

[2.]

[3.]

EIN DOSEN-GÄRTCHEN
für Raumsparer

RASCH SAMMELN SICH IN DER KÜCHE LEERE KONSERVENDOSEN VON OBST UND GEMÜSE AN. SIE SIND HERRLICHE BEHÄLTNISSE FÜR KRÄUTER, BLUMEN UND ANDERE PFLANZEN. MIT SCHNÜREN UND HAKEN LASSEN SIE SICH LEICHT AUFHÄNGEN.

Material

leere Dosen

Kies

Blumenerde

Schnur, Bast oder Kabelbinder

Werkzeuge

Bohrer

Pflanzvorschläge

Salat-Bar: Kopf- und Blattsalate, Rucola, dazu typische Salat-kräuter wie Petersilie und Schnittlauch

Kräuter-Allerlei: Oregano, Estragon, Goldmelisse, Borretsch, Melisse, Pimpinelle, Salbei, Zitronenverbene

Blumen-Gärtchen: Saatmischun-gen oder Pflänzchen von Ringel-blumen, Kapuzinerkresse, Zinnien, Tagetes, Husaren-knöpfchen

Los geht's

1. Säubern Sie die leeren Konservendosen gründlich und entfernen Sie die Etiketten.

2. Bohren Sie ein paar Löcher in den Boden der Dose, damit überschüssiges Gießwasser abfließen kann und keine Staunässe im Gefäß auftritt.

3. Füllen Sie eine Lage Kies in die Dose, darauf füllen Sie bis 1 cm unter den Rand die Blumenerde.

4. Säen Sie Blumensamen in ein paar Dosen, bedecken Sie die Samen mit Erde und drücken Sie sie gut an – gießen. Andere Dosen bepflanzen Sie z. B. mit Schnittlauch, Thymian und anderen Kräutern. Gut angießen!

5. Legen Sie die Schnur, den Bast oder Kabelbinder um die Dosen und binden Sie sie damit am Maschenzaun fest oder bohren Sie oben in die Dose ein Loch und hängen sie an sogenannten S-Haken an den Maschendraht.

6. Regelmäßig gießen nicht vergessen!

INTERESSANT | BASTELN FÜR MEHR FARBE Sie können die Konservendosen auch mit Plaka-Lack-Farben aus dem Bastel- und Malbedarf bunt anmalen oder mit Namensschildchen passend zu den gepflanzten Blumen verzieren.

Citroen-melisse

Thÿm

Citroen-thÿm

GÄRTNERN IM QUADRAT
Square-Box-Gardening

WÄHLEN SIE IHRE LIEBLINGSKRÄUTER UND -GEMÜSE AUS UND GEBEN JEDER SORTE EIN EIGENES QUADRATFLECKCHEN ERDE INNERHALB EINER EINGETEILTEN BOX. SIEHT TOLL AUS UND MACHT EINE NEU- BZW. NACHPFLANZUNG KINDERLEICHT.

Material

Box, z. B. ein alter Sandkasten (1 x 1 m oder größer)

6 Holzlatten

Teichfolie

Kies, Blumenerde

Pflanzen und Saatgut

Werkzeuge

Säge, Bleistift

Tacker und Klammern

2 x 8 Kräuter & Gemüse für 16 Quadrate

2 x Kopfsalat (Jungpflanzen)

2 x Salanova-Kopfsalat (Saatgut)

2 x Winterradicchio (Saatgut)

2 x Basilikum (Pflanze)

2 x Chili (Pflanze)

2 x Salbei (Pflanze)

2 x Thymian (Pflanze)

2 x Zitronenthymian (Pflanze)

Los geht's

1. Kleiden Sie die Box mit Teichfolie aus und tackern Sie diese am Holz fest.

2. Füllen Sie auf den Boden des Holzkastens eine 10 cm dicke Kiesschicht als Dränage ein.

3. Füllen Sie danach bis ca. 5 cm unter den Rand Blumenerde ein. Somit ist das „Beet" fertig.

4. Legen Sie mit den Holzlatten das Gitter auf die Box. Es entstehen bei einer 1 x 1 m Box 16 Quadrate mit einer Fläche von 25 x 25 cm. Markieren Sie mit dem Bleistift auf dem Boxenrand, wo das Holzlatten-Gitter später aufliegen wird.

5. Sägen Sie nun an den entsprechenden Stellen Vertiefungen in den Holzrahmen und in die Holzlatten, um beides miteinander verkanten zu können.

6. Platzieren Sie das Holzlatten-Gitter wieder auf der Box.

7. Nun können Sie pflanzen und säen: Setzen Sie in jedes Quadrat Salate, Kräuter, Chili und verschiedene Gemüse. Gründlich angießen und die Erde stets gut feucht halten.

INTERESSANT | KLEINE RECHENAUFGABE Wenn der Sandkasten nur 90 x 90 cm groß ist, erhalten Sie 9 Quadrate, die 30 x 30 cm groß sind. Ist der Sandkasten hingegen 1,2 x 1,2 m groß, erhalten Sie 16 Quadrate mit einer Fläche von je 30 x 30 cm.

KRÄUTER- & SALATWAND für Feinschmecker

MILCH, ORANGENSAFT, APFELMUS UND VIELES MEHR WERDEN HEUTE IN TETRAPAKS ANGEBOTEN. AUS DEN WASSERDICHTEN GETRÄNKEKARTONS ENTSTEHEN PRAKTISCHE PFLANZGEFÄSSE – Z. B. FÜR KRÄUTER. UND TRANSPORTABEL SIND SIE AUCH!

Material

Tetrapaks

Kies od. Blähton

Blumenerde, evtl. Sand

lange Holzlatte

S-Haken

Schrauben

Pflanzen

Werkzeuge

Akkuschrauber

Handbohrer

Los geht's

1. Entleeren Sie die Tetrapaks vollständig und schneiden Sie an drei Seiten rundherum den Boden ab, an der vierten Seite bleibt der Boden an der Packung. Klappen Sie den Boden nach oben.

2. Nun spülen Sie die Tetrapaks gründlich aus und drehen den Verschluss fest zu.

3. Füllen Sie durch den geöffneten Kartonboden 2 cm Kies oder Blähton als Dränage in den Karton, bohren Sie knapp oberhalb dieser Dränageschicht mit einer dicken Nadel eine Reihe Löcher in die Seitenwände als Wasserabzugslöcher.

4. Dann füllen Sie mit magerer Blumenerde bis ca. 2 cm unterhalb des Kartonrandes auf. Sie können auch normale Blumenerde verwenden. Da diese meist zu nährstoffreich ist für z. B. Kräuter, sollten Sie sie vor dem Einfüllen mit Sand im Verhältnis 1 zu 1 mischen.

5. Nun pflanzen Sie Ihre ausgesuchten Lieblingspflanzen in die Paks. Gut den Wurzelballen andrücken und angießen nicht vergessen!

6. Schrauben Sie die hochgeklappten Böden der Kartons nun jeweils an der Holzlatte fest.

7. Sie können den Boden natürlich auch ganz abschneiden. Bohren Sie mit dem Handbohrer zwei Löcher in die Rückseite des Tetrapaks, führen durch jedes Loch einen S-Haken und hängen ihn daran auf.

INTERESSANT | VIELSEITIG EINSETZBAR Wenn Sie jeweils eine der langen Seiten der Tetrapaks abschneiden, erhalten Sie gute rechteckige Gefäße für die Anzucht von Sommerblumen und Gemüse. Verwenden Sie magere Aussaaterde und vergessen Sie die Abzugslöcher oder wahlweise die Dränageschicht nicht.

ROOFTOP-GARDENING
für entspannte Momente

HIER EIN BEISPIEL FÜR EIN KLEINES STADTPARADIES ZUM ZURÜCKZIEHEN, BÜCHER LESEN ODER EINFACH, UM MAL SO RICHTIG ABZUSCHALTEN. ABER AUFGEPASST! IN DEN BEETEN GEDEIHEN NUR SONNENLIEBENDE PFLANZENSCHÄTZE.

Material

Holzlatten für die Beetumrandungen

Teichfolie

Kies

Blumenerde

Pflanzen und Saatgut

Werkzeuge

Tacker und Klammern

Los geht's

1. Holz und Stein dominieren die Ausstattung: Auf den Boden kommen Holzbohlen oder Holzfliesen mit Kiesstreifen, auch die Sitzbänke sind aus Holz. Für die Bepflanzung bauen Sie Kästen aus Holz.

2. Kleiden Sie den Holzkasten mit Teichfolie aus und tackern Sie diese am Holz fest.

3. Füllen Sie auf den Boden des Holzkastens eine 5 cm dicke Kiesschicht als Dränage ein und geben Sie dann bis 5 cm unter den Rand Blumenerde dazu.

4. Nun können Sie nach Herzenslust Blumen und Gräser pflanzen; wählen Sie dabei Pflanzen, denen es nichts ausmacht, wenn sie allen Wettern – von Sturm bis Hitzewelle, von Platzregen bis Trockenheit – ausgesetzt sind.

5. Gründlich angießen und die Erde stets gut feucht halten.

Robuste Pflanzen für den Dachgarten

Hohe Gräser: Büschel-Federgras, Tautropfen-Gras, Kalk-Kopfgras, Wimper-Perlgras

Blumen: Goldhaar-Aster, Dost, Färberkamille, Gold-Flachs, Rundblättrige Glockenblume, Graslilien, Karthäusernelke, Spornblume, Wiesen-Scharfgarbe

Niedrige Stauden und Gräser: Dachwurz, Fetthenne, Zwerg-Glockenblume, Katzenpfötchen, Mauerpfeffer, Heide- und Pfingst-Nelken, Storchschnabel, Thymian, Zypressen-Wolfsmilch, Moskitogras, Blaues Schillergras, Bärenfell-Schwingel

INTERESSANT | VIELLEICHT MAL BLACKBOX GARDENING? Das geht ganz einfach! Sie säen Blumen (Akelei, Braunellen, Eisenkraut, Königskerzen, Leinkraut, Lupinen, Malven, Platterbsen, Stockrosen) aus, die jede Menge Samen bilden und sich so selbst aussäen.

BEPFLANZTE SCHUHE
chic & grün

FÜR AUSGELATSCHTE SCHUHE GIBT'S EINE ALTERNATIVE ZUM ALTKLEIDERSACK:
MIT BUNTEN BLUMEN BEPFLANZT ZIEREN DIE AUFGEPIMPTEN HIGHHEELS, BOOTS,
GUMMISTIEFEL UND SNEAKERS NUN DRINNEN UND DRAUSSEN.

Material

ein Paar alte Schuhe

Filtervlies für Dunstabzugshaube

Blumenerde

zwei Topfpflanzen

Los geht's

1. Prüfen Sie die Sohlen der Schuhe: Ist sie noch intakt, bohren Sie mehrere kleine Öffnungen hinein – so kann überschüssiges Gießwasser abfließen. In einer löcherigen Sohle ist dies nicht nötig.

2. Schneiden Sie zwei passende Stücke wasserdurchlässiges Filtervlies zurecht, die Sie in jeden Schuh auf die Innensohle legen. So kann keine Blumenerde ausgeschwemmt werden.

3. Füllen Sie nun die Schuhe mit Blumenerde. Achten Sie darauf, dass auch die Schuhspitzen vorne mit Erde gefüllt sind. Stoßen Sie die Schuhe mehrmals auf, damit sich die Erde setzt und es keine Hohlräume gibt.

4. Nehmen Sie eine Pflanze vorsichtig mit dem ganzen Wurzelballen aus dem Topf. Eventuell müssen Sie dazu den Plastiktopf zerschneiden.

5. Machen Sie nun ein Pflanzloch in die Erde, in das Sie die Pflanze setzen. Drücken Sie den Wurzelballen gut mit beiden Händen an und füllen noch etwas Blumenerde nach. Damit beim Gießen das Wasser nicht überschwappt, reicht die Blumenerde nur bis etwa 3 cm unterhalb des Schuhrandes. Nun vorsichtig mit Wasser angießen.

6. Stellen Sie die bepflanzten Schuhe an einen hellen Platz. Regelmäßig gießen nicht vergessen! Von März bis August dem Gießwasser einen Flüssigdünger nach den Angaben auf der Packung zugeben.

INTERESSANT | NOCH MEHR PFLANZEN   Für die Begrünung von Mauern und Wänden pflanzen Sie Efeu in die Schuhe oder einjährige kletternde Sommerblumen wie die Schwarzäugige Susanne. Für sonnig warme Plätze eignen sich Fetthenne und Hauswurz. Bei großen Schuhen können Sie vorne zwei Fenster in die Schuhe schneiden und diese ebenfalls bepflanzen.

EINE TRINKSCHALE
für durstige Vögel

AMSEL, DROSSEL, FINK UND STAR – ALLE VÖGEL HABEN DURST, UND ZWAR DAS GANZE JAHR ÜBER, SELBST IM DICKSTEN WINTER. DARUM BIETEN SIE UNSEREN GEFIEDERTEN FREUNDEN STETS FRISCHES WASSER IN EINER FLACHEN SCHALE AN.

Material

flache Schale (aus Keramik, Ton, Steingut, vom Flohmarkt)

ein paar Steine

evtl. Ringelblumen und 3 kurze Bambusstäbe

Los geht's

1. Wählen Sie eine flache, muldenförmige Schale aus, die vom Rand zur Mitte hin allmählich tiefer wird. In der Mitte darf das Wasser maximal 5 cm tief sein. Optimal sind Gefäße mit rauer Oberfläche.

2. Legen Sie ein paar Steine als Inseln in die Mitte, auf denen die Vögel landen können.

3. Füllen Sie die Schale mit Trinkwasser – am besten täglich nachfüllen.

4. Aus optischen Gründen können Sie auch gern ein paar abgeschnittene Blütenköpfe ins Wasser legen, z. B. von Ringelblumen. Achten Sie darauf, dass Sie nur ungiftige Blumen verwenden! Einen asiatischen Touch bekommen die Blüten, wenn sie in einem Dreieck aus kurzen Bambusstäben, die mit Bast miteinander verbunden sind, schwimmen.

5. Im Winter bewahrt ein Tränkenwärmer (ein flacher Kunststoffuntersetzer, der mittels Strom durch eine integrierte Heizfolie beheizt wird) das Wasser in der Trinkschale vor dem Einfrieren.

INTERESSANT | KLEINE BADEHELDEN   Vögel nehmen im Wasser auch gern ein Bad, selbst an eisig-kalten Tagen. Das macht nichts, denn das wasserabweisende Gefieder kann nicht vereisen!

Acanthus mollis

Tropaeolum

Helianthus

Centaurea

Calendula

Cosmos

Borago

BLUMENSAMEN
sammeln & eintüten

WENN NACH UND NACH DRAUSSEN DIE BLUMEN VERBLÜHEN, BILDEN SIE SAMEN, AUS DENEN IM NÄCHSTEN JAHR NEUE BLUMEN WACHSEN, Z. B. FÜR IHR STADT-GÄRTCHEN. DAZU MÜSSEN SIE SIE NUR EINSAMMELN. LUST DAZU? DANN GEHT'S LOS!

Material

viele kleine Papiertütchen

Plastiktüte

Werkzeuge

Schere oder Gartenschere

Stift

INTERESSANT | GESCHENKIDEE GEFÄLLIG? Wenn Sie die Samen verschenken möchten, falten Sie doch aus Büttenpapier passende Umschläge – Samen einfüllen, verschließen und mit schöner Handschrift beschriften.

Los geht's

1. Beim Spaziergang im Grünen halten Sie Ausschau nach verblühten Blumen und allem, was wie Samenstände aussieht. Unreife Samen sind grün, bei Reife werden sie braun bis schwarz. Außerdem sind Samen trocken, sehr hart und lassen sich nicht so einfach zerdrücken. Viele Samen sind sehr klein, z. B. Mohnsamen, andere groß, z. B. die Samen von Sonnenblumen.

2. Machen Sie Fotos von der Pflanze, damit Sie zuhause herausfinden können, wie sie heißt.

3. Schneiden Sie die verwelkte Blüte samt Samen ab und stecken sie in eine Tüte. Achten Sie darauf, dass in jede Tüte nur Samen derselben Pflanze geraten.

4. Damit Sie in Ihrem Stadtgärtchen der Pflanze einen optimalen Standort geben können, notieren Sie möglichst, wo Sie die Pflanze gefunden haben, also z. B. an einem schattigen Platz unter Bäumen, auf der Wiese, am Rand eines Getreidefeldes etc.

5. Versuchen Sie zuhause die Namen der gesammelten Pflanzensamen herauszufinden.

6. Trocknen Sie die Samen und lagern Sie sie an einem trockenen, kühlen Platz.

7. Gehen Sie immer wieder raus und sammeln neue Samen, denn nach und nach reifen die Samen anderer Blumen heran.

8. Säen Sie die Samen im Frühjahr aus (siehe KW 8) und wenn nichts keimt, nicht verzagen. Manche Pflanzen machen ein Jahr Pause, bevor sie keimen können.

FRISCHES GRÜNZEUG
bis zum Winter

SELBST BEI SCHÖNSTEM WETTER ZEIGEN SICH ENDE AUGUST SO LANGSAM
ERSTE ANZEICHEN DAFÜR, DASS DER SOMMER BALD ZU ENDE IST. ÜBERBRÜCKEN
SIE DIE ZEIT BIS ZUM WINTER JETZT DURCH FRISCHEN SALAT FÜR KÄLTERE TAGE.

Material

Holzpalette

Blumenerde

Salat-Jungpflanzen

Saatgut, z. B. von Rucola

Schleifpapier

Werkzeuge

Hammer und Nägel

Wintersalate

Endivie, Feldsalat, Gartenmelde,
Salatrauke (Rucola), Süßdolde,
Winterportulak, Winterradicchio,
Zuckerhut-Salat

Los geht's

1. Suchen Sie ein schönes Eckchen im Hinterhof oder Vorgarten
   für Ihr Winter-Palettenbeet.

2. Legen Sie die Europalette flach auf den Boden.

3. Füllen Sie den Zwischenraum zwischen Unter- und Oberboden
   der Palette mit Blumenerde.

4. Auf dem Balkon sind Schnecken meist kein Problem, wohl aber
   rund ums Haus. Da Schnecken auf Salat stehen, nageln Sie einfach rund um die Palette herum einen Streifen Schleifpapier aufs
   Holz. Achten Sie darauf, dass es keine Lücken im Schleifpapier
   gibt – Schnecken nutzen die gnadenlos aus!

5. Pflanzen Sie die Jungpflanzen in einer Reihe in jedes Zwischen-
   fach. Machen Sie dazu mit den Fingern ein Pflanzloch in die
   Blumenerde, stecken die feinen Wurzeln einer Jungpflanze
   hinein und drücken die Erde an die Wurzeln an. Gut die Wurzeln
   angießen.

6. Sie können auch Paletten-Reihen für Saatgut benutzen. Säen
   Sie nach den Angaben auf der Packung auf die Erde in die
   Paletten-Zwischenräume aus. Vorsichtig mit einer Gießkanne
   mit Tülle angießen, damit das Saatgut nicht zusammen-
   geschwämmt wird.

7. Erde gut feucht halten.

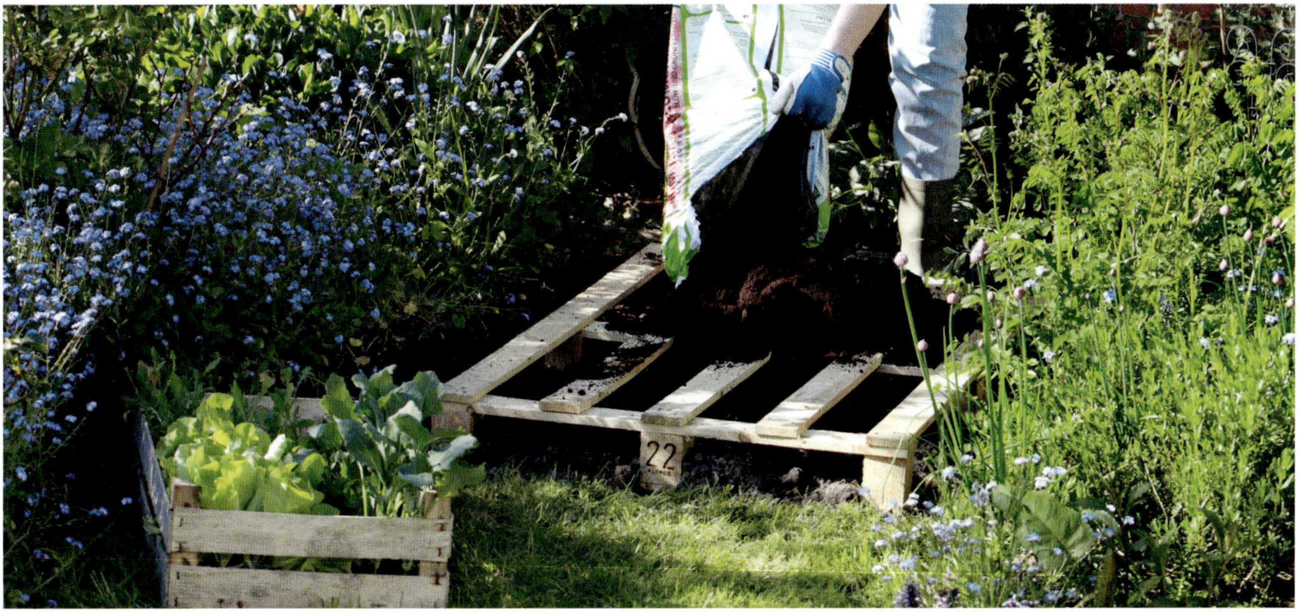
22

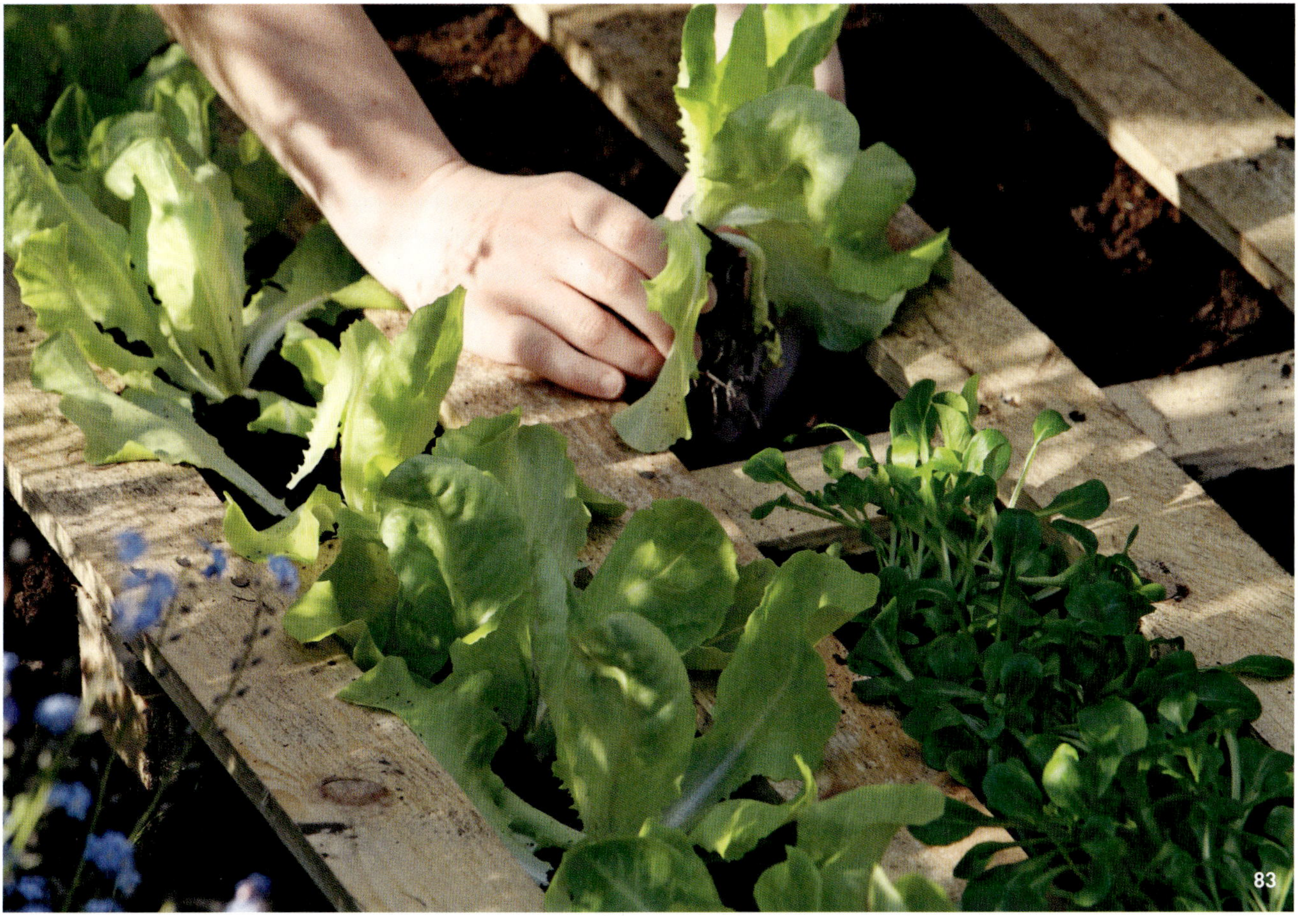

HERBST WIRD'S

so allmählich

JEDES JAHR DASSELBE. MAN HAT SICH KAUM
SO RICHTIG AN DEN SOMMER GEWÖHNT,
SCHON WERDEN DIE TAGE SPÜRBAR KÜRZER.
DOCH IN IHREM STADTGÄRTCHEN IST IMMER
NOCH VIEL LOS!

BEEREN-POTTERY
in Kübel & Kasten

NUN IST PFLANZZEIT FÜR CRANBERRYS, DEN DICKEN AMERIKANISCHEN VERWANDTEN DER HEIMISCHEN PREISELBEEREN. ZUM GEDEIHEN BRAUCHEN SIE WIE HEIDELBEEREN SAUREN BODEN UND SIND DESHALB IDEALE PFLANZEN FÜR KÜBEL UND KASTEN.

CRANBERRYS SIND IM „INDIAN SUMMER" REIF & WERDEN VON OKTOBER BIS NOVEMBER GEERNTET.

CRANBERRYS

Material: Balkonkasten, Blumenampel oder ähnliches Pflanzgefäß, Kies oder Blähton, Moorbeeterde oder Rhododendronerde aus dem Gartencenter, evtl. Nadelstreu, 4 Cranberry-Pflänzchen (etwa die Sorten 'Red Ballon' oder 'Pilgrim')

LOS GEHT'S Füllen Sie in das Pflanzgefäß zuerst eine 1–2 cm dicke Schicht aus Kies oder Blähton (Dränage), danach die Erde. Pflanzen Sie die Cranberry-Pflänzchen in die Erde, den Wurzelballen gut andrücken und evtl. mit Erde auffüllen. An einen sonnigen Platz stellen. Angießen – fertig!

IM WINTER Schneiden Sie von Ihrem Weihnachtsbaum einzelne Äste ab und legen Sie diese als Winterschutz über die Pflänzchen. Ende Februar können Sie den Winterschutz entfernen – aus den Nadelzweigen machen Sie dann Nadelstreu: Zweige trocknen lassen, die Nadeln abstreifen und die Erde damit bedecken.

PFLEGE Regelmäßig gießen, sodass die Erde immer leicht feucht ist – im März/April frische Moorbeet- oder Rhododendronerde nachfüllen und nach der Anleitung auf der Verpackung Langzeitdünger für säureliebende Pflanzen düngen – sonst gibt es viele Blätter, aber keine Früchte! Wenn die Pflanzen zu dicht werden, können Sie einzelne Triebe herausschneiden.

Tipp: Freunde beschenken – dazu einfach Ausläufer abschneiden und eintopfen!

Variante: Genauso leckere Früchte ernten Sie an heimischen Preiselbeeren, gute Sorten sind 'Erzgebirgsperle', 'Koralle' oder 'Red Pearl'.

HEIDELBEEREN

Material: Kübel, Eimer, großer Plastiktopf oder ähnliches Pflanzgefäß, Kies oder Blähton, Moorbeeterde oder Rhododendronerde aus dem Gartencenter, evtl. Nadelstreu, eine Kulturheidelbeer-Pflanze. Gute Sorten sind 'Bluecrop', 'Duke' oder 'Patriot'.

LOS GEHT'S Pflanzen Sie die Heidelbeere genauso ein wie die Cranberrys – einzig braucht die Heidelbeere einen halbschattigen Platz. Kulturheidelbeeren liefern große, dicke Früchte, die Sie frisch gepflückt genießen können. Anders die Waldheidelbeeren, die bei uns in lichten Kiefernwäldern wachsen. Auch diese kleinfrüchtigen Waldheidelbeeren können Sie im Topf anbauen, das geht genauso. Eine gute Sorte ist 'Sylvana'.

Was Besonderes Züchter lassen sich tolle Sachen einfallen: Rosa-pinkfarbene Früchte etwa trägt die Kulturheidelbeersorte 'Pink Lemonade', knallrote statt der üblichen zartrosa Glöckchenblüten zieren die Sorte 'Blautropf'.

WÄRMELIEBEND

Sedum-Arten lieben Wärme. Der
beste Standort liegt in vollem
Licht mit einer Hitzeschattierung
während der Mittagsstunden und
etwas Sonne während der Mor-
gen- oder Nachmittagsstunden.

FETTHENNE & HAUSWURZ

selbst vermehren

SEDUM & SEMPERVIVUM, SO LAUTEN DIE BOTANISCHEN NAMEN DIESER BEIDEN
PFLANZENGATTUNGEN, DIE IM STADTGARTEN UNSCHLAGBAR SIND: SIE WACHSEN
IN JEDER MAUERRITZE, BRAUCHEN KAUM PFLEGE UND BLÜHEN FANTASIEVOLL.

Material

Blumentöpfe oder andere
kleine Pflanzgefäße

Blumenerde

Sand

Fetthenne, Mauerpfeffer (Sedum)

Es gibt rund 500 verschiedene
Arten, wie z. B. die Weiße Fett-
henne *(Sedum album)*, der Milde
Mauerpfeffer *(Sedum sexangulare)*
oder die Kaukasus-Fetthenne
(Sedum spurium). Ihnen macht
Hitze und Trockenheit nichts aus,
ebenso wenig wie Nässe und
Streusalz. Ideale Stadtpflanzen!

Mauer- und Dachwurz (Sempervivum)

Es gibt ca. 200 verschiedene Arten, die in den Gebirgen Europas,
Vorderasiens und Marokkos be-
heimatet sind, wie z. B. Spinnwe-
ben-Hauswurz *(Sempervivum
arachnoideum)* oder Dach-Haus-
wurz *(Sempervivum tectorum)*.

Los geht's

1. Kaufen Sie 1-2 Mutterpflanzen und vermehren Sie im Laufe
   der Zeit aus ihnen viele, viele neue Pflanzen.

2. Dazu brechen Sie einfach kleine Teilstücke oder einige Rosetten
   der Pflanze ab – daumengroß reicht.

3. Mischen Sie Blumenerde und Sand zu gleichen Teilen.

4. Stecken Sie die Pflänzchen dann einfach in die Erde-Sand-
   Mischung, gut angießen.

5. Stellen Sie die Pflänzchen über den Winter an einen hellen,
   aber kühlen Platz.

6. Im Frühjahr pflanzen Sie sie dann aus, wo Sie möchten:
   in Schalen, Suppenkellen, alten Schuhen und Stühlen, Salat-
   sieben, Tellern, Tassen oder anderem Geschirr – oder einfach
   in den Ritzen der Hinterhofmauer, zwischen den Mauersteinen
   oder Gehplatten vorm Haus. Auch für grüne Dächer sind Fetthennen und Hauswurz ideal.

7. Sie können die abgebrochenen Teilstücke aber auch direkt nach
   dem Abbrechen dorthin stecken, wo sie später wachsen sollen.

8. Verwöhnen Sie Fetthennen und Mauerwurz nicht. Hin und wieder
   gießen und so gut wie nicht düngen, denn diese Pflanzen lieben
   es karg. Im Gegenteil: Wenn Sie zu viele Nährstoffe durch Düngen
   bekommen, werden die Pflanzen schwächlich.

INTERESSANT | MYHTEN & PRAKTISCHES   Haben Sie gewusst, dass die
Hauswurz eine Zauberpflanze ist? Früher glaubte man, auf dem Dach ge-
pflanzt, würden sie Blitze und Unheil fernhalten. Mit ihr wurden ebenfalls lose
Dachziegel befestigt und Lehmdächer vor heftigen Regengüssen geschützt.

PFLANZENTAUSCHBÖRSE
für Liebhaber

WENN DAS VERMEHREN MAL ETWAS ÜBERHANDGENOMMEN HAT UND IHR BEET AUS „ALLEN NÄHTEN PLATZT", BIETET SICH EINE PFLANZENTAUSCHBÖRSE AN. ENTWEDER SELBST ODER AUCH IN EINEM ÖFFENTLICHEN STADTGÄRTEN ORGANISIERT.

Material

Pflanzgefäße oder Zeitungspapier

Blumenerde

Werkzeuge

evtl. Grabegabel

Messer, ggfs. Spaten

Los geht's

1. Im Herbst ist ein günstiger Zeitpunkt, all die Stauden zu teilen, die schon verblüht sind. Das geht genauso wie in dieser Anleitung beschrieben.

2. Holen Sie die Stauden aus ihren Pflanzgefäßen – für Stauden, die im Erdboden wachsen, benötigen Sie jetzt eine Grabegabel.

3. Zerteilen Sie den Wurzelballen mit einem scharfen Messer oder (bei größeren) mit einem Spaten in zwei, drei oder noch mehr Teile. Achten Sie darauf, dass jedes Teilstück viele junge Wurzeln und mindestens 1–2 kräftige Triebe hat.

4. Entfernen Sie alle abgestorbenen Pflanzenteile, sowohl an den unterirdischen Wurzeln als auch bei den oberirdischen Trieben und Blättern.

5. Pflanzen Sie einen Teil der Staude an ihren alten Platz zurück – nun kann sie in die Winterpause gehen und im nächsten Jahr gesund und kräftig weiterwachsen. Die anderen Teilstücke pflanzen Sie in mit Blumenerde gefüllte Pflanzgefäße. Für die Tauschbörse können Sie sie auch in feuchtes Zeitungspapier einschlagen. Sie sollten aber rasch wieder eingepflanzt werden.

INTERESSANT | GIBT ES PFLANZEN, DIE SIE ÜBER ALLES LIEBEN? Taglilien vielleicht oder Tomaten? Dann überlegen Sie doch, ob Sie Pflanzensammler werden wollen. Gerade auf Tauschbörsen findet man immer wieder tolle Raritäten.

TAUSCHRAUSCH – JE-
DER BRINGT PFLAN-
ZEN ODER SAATGUT
ZUM TAUSCHEN MIT.

Veronica *longifolia*

Blauriesin

IN REIH UND GLIED

Buchsbaum-Pflanzen sind immer-
grün. Das bedeutet, sie behalten
das ganze Jahr ihre Blätter. Darum
ist es wichtig, sie auch an frostfrei-
en Wintertagen zu gießen, damit
sie nicht vertrocknen.

BUCHSBAUMHECKE
richtig pflanzen

JETZT IST EIN GUTER ZEITPUNKT BÜSCHE ZU PFLANZEN, Z. B. EIN NIEDRIGER BUCHSBAUMSTREIFEN AN DER EINFAHRT ODER EINE HECKE RUND UM DEN MÜLLEIMERPLATZ. BESORGEN SIE DIE STRÄUCHER – DANN WIRD GEPFLANZT.

Material

4–8 Buchsbaumpflanzen pro laufender Meter

Wassereimer

Werkzeuge

Spaten

Schnur und 2 Stöcke

Grabegabel

Alternativen für den Buchsbaum

Berberitze (Berberis buxifolia 'Nana'), Bäumchen-Seidelbast (Daphne arbuscula), Buchsblättriger Ilex (Ilex grenata 'Dark Green'), Steineibe (Podocarpus nivalis), Buchs-Kreuzblume (Polygala chamaebuxus)

Los geht's

1. Stellen Sie die Pflanzen mit Pflanzgefäß (Container) in einen Wassereimer, tauchen Sie sie darin mindestens 15 Minuten lang. Der gut durchfeuchtete Wurzelballen lässt die Pflanzen besser anwachsen.

2. Für einen geraden Streifen oder eine Hecke graben Sie am besten einen ausreichend tiefen und breiten Pflanzgraben frei. Quetschen Sie den Wurzelballen auf keinen Fall in zu enge Pflanzlöcher.

3. Lockern Sie den Boden des Pflanzgrabens mit einer Grabegabel auf.

4. Spannen Sie eine Schnur, damit alle Pflanzen auch tatsächlich in einer Reihe stehen.

5. Nehmen Sie den Wurzelballen der Pflanze vorsichtig aus dem Container; die Wurzeln sollten möglichst nicht verletzt werden.

6. Setzen Sie den Wurzelballen so tief in das Pflanzloch, wie er im Container gestanden hat.

7. Füllen Sie mit Erde auf und pressen Sie sie gut an den Wurzelballen an.

8. Wässern Sie ein paar Tage lang die Pflanzenreihe durchdringend, um die Wurzeln weiter einzuschlämmen.

INTERESSANT | GROSSE AUSWAHL AN HECKENPFLANZEN   In vielen Regionen gibt es durch den Befall mit Buchsbaumpilz und Buchsbaumzünsler Totalausfälle beim Buchs. Doch glücklicherweise gibt es andere wunderschöne Sträucher mit kleinen Blättchen, die genauso niedrig bleiben und in jede beliebige Form geschnitten werden können wie der Buchs (siehe Pflanzenliste).

OBST UND BEEREN
im Kübel

ÄPFEL, BIRNEN, SÜSS- UND SAUERKIRSCHEN, APRIKOSEN, PFLAUMEN, HIMBEEREN, JOHANNIS- UND STACHELBEEREN UND VIELE MEHR. ERNTEN SIE IHR LIEBLINGSOBST PLATZSPAREND AUS DEM KÜBEL AUF BALKON, VOR UND HINTER DEM HAUS.

Material

großes Pflanzgefäß (halbes Wein- oder Whiskyfass) oder kleines Hochbeet

Kies, Wassereimer

Pflanzerde

Stützstab

Kokosbinder oder alter Nylonfeinstrumpf

Obstgehölze: Säulen- oder Zwergwuchs wählen

Los geht's

1. Stellen Sie den Wurzelballen des Obstbaums oder -strauchs eine Stunde lang in einen Kübel mit Wasser, damit er sich vollsaugen kann.

2. Füllen Sie den Boden des Pflanzgefäßes mit einer Schicht Kies als Dränage. Abzugslöcher schaden trotzdem nicht.

3. Füllen Sie dann Pflanzerde ein.

4. Setzen Sie die Pflanze ebenerdig in das Gefäß. Sie soll so tief stehen wie zuvor im Container. Achten Sie darauf, dass die verdickte Veredlungsstelle am Stamm mindestens 10 cm über dem Boden liegt.

5. Füllen Sie mit Erde auf, drücken Sie die Erde fest an die Wurzeln und füllen ggfs. noch Erde bis 5 cm unterhalb des Randes nach.

6. Gut gießen.

7. Stecken Sie bei einem Stamm eine Handbreit vom Stamm entfernt einen Stützstab in die Erde, damit Sie das Säulenobst festbinden können. Am Anfang ist das zur Stabilisierung sinnvoll.

8. Befestigen Sie den Stamm locker mit Kokosstrick oder einem alten Nylonstrumpf in einer liegenden Achterschlaufe am Stützstab.

9. Stellen Sie das Obstgehölz an einen halbschattigen bis sonnigen Platz.

10. Halten Sie die Erde in den kommenden Wochen immer gut feucht. Gedüngt wird erst im kommenden Frühjahr.

11. Informieren Sie sich über geeignete Schnittmaßnahmen nach dem Pflanzen und in den kommenden Jahren.

12. Später kann Säulen-Obst auch ohne die Stütze wachsen. Entfernen Sie sie, wenn der Stamm stabil genug erscheint.

INTERESSANT | MEHRERES IN EINEM Es gibt sogar Obstbäume und Beerensträucher, an denen Sie mehrere Früchte ernten können – z. B. Johannisbeeren und Stachelbeeren von einem Busch. Solche Mehrfruchtpflanzen finden Sie unter dem Stichwort Duo- und Trio-Obst.

[1.]

[2.]

[3.]

[4.]

[7.]

EIN KIESBEET
im City-Style

KIESGÄRTEN SIND IN! DAMIT DIE KIESFLÄCHE AUCH EINE SOLCHE BLEIBT, MÜSSEN SIE EIN ANTI-UNKRAUT-VLIES UNTERLEGEN. DANN KÖNNEN SICH ZWISCHEN DEN KLEINEN STEINCHEN KEINE WILDKRÄUTER VON SELBST AUSBREITEN.

Material

Unkraut-Vlies, Unkraut-Folie

Pflanzen, z. B. Ziergräser, Blattschmuckstauden, Yucca

Kies

Werkzeuge

Spaten oder Schaufel

Schere

Los geht's

1. Wählen Sie eine Fläche aus, die zum Kiesgarten werden soll, z. B. rund um den Sitzplatz.

2. Heben Sie auf der vorgesehenen Fläche mehrere Pflanzlöcher für die Pflanzen aus dem Erdboden. Sie müssen etwas größer sein als der Wurzelballen.

3. Schneiden Sie das Unkraut-Vlies oder wahlweise die Folie in der passenden Größe zu.

4. Verlegen Sie Vlies oder Folie auf der Fläche und schneiden Sie über den Pflanzlöchern gleich große Löcher in Vlies oder Folie für die Pflanzen.

5. Tauchen Sie die Erdballen der Pflanzen zunächst in einem Eimer Wasser und pflanzen sie dann in die Löcher.

6. Füllen Sie die jeweiligen Pflanzlöcher mit Erde auf und drücken Sie die Erde gut an die Wurzelballen an.

7. Bringen Sie auf Vlies oder Folie eine etwa 4 cm dicke Kiesschicht aus.

8. Gießen Sie Ihr frisch angelegtes Beet regelmäßig, bis alle Pflanzen gut angewurzelt sind. Später halten die Pflanzen Dank der Kiesschicht Trockenzeiten gut aus. Der Kies reduziert die Verdunstungsfläche enorm und die Pflanzen können länger haushalten.

INTERESSANT | ACHTEN SIE AUF VERSCHIEDENE WILDPFLANZEN
Reißen Sie nicht jedes vermeintliche „Unkraut" sofort heraus. Das in KW 31 bereits angesprochene Blackbox-Gardening funktioniert im Kiesbeet hervorragend.

NASCHSTRÄUCHER
für Vögel

IM GROSSEN PFLANZGEFÄSS GEDEIHT NICHT NUR OBST, DAS UNS MENSCHEN SCHMECKT. AUCH AMSELN UND ANDERE VÖGEL FREUEN SICH ÜBER LECKERE WILDBEERENFRÜCHTE RUND UM IHR STADTDOMIZIL.

Material

groГЯes Pflanzgefäß (halbes Wein- oder Whiskyfass)

oder kleines Hochbeet

Kies

Pflanzerde

junge Sträucher in Pflanztöpfen

Vogel-Naschsträucher

Ein- oder Zweigriffeliger Weißdorn, Liguster (giftig), Wolliger und Gemeiner Schneeball (giftig), Roter Hartriegel, Wildrosen (Wein-, Hundsrose u.a.), Pfaffenhütchen (giftig), Schneebeere, Eberesche (Vogelbeere)

Los geht's

1. Stellen Sie den Wurzelballen des Strauchs eine Stunde lang in einen Kübel mit Wasser, damit er sich vollsaugen kann.

2. Abzugslöcher in Gefäße integrieren und den Boden des Pflanzgefäßes mit einer Schicht Kies als Dränage bedecken.

3. Füllen Sie dann Pflanzerde ein.

4. Setzen Sie den Strauch ebenerdig in das Gefäß, er soll so tief stehen wie zuvor im Container.

5. Füllen Sie mit Erde auf, drücken Sie die Erde fest an die Wurzeln und füllen ggfs. noch Erde bis 5 cm unterhalb des Randes nach.

6. Gut angießen.

7. Stellen Sie den Strauch an einen halbschattigen bis sonnigen Platz.

8. Halten Sie die Erde in den kommenden Wochen immer gut feucht. Gedüngt wird erst im Frühjahr.

9. Wie Sie den Strauch über den Winter bringen, erfahren Sie in KW 44.

INTERESSANT | AUF ABSTAND ACHTEN! Wenn Sie Büsche – oder gar Bäume – entlang der Grenze des Grundstücks pflanzen, müssen Sie die gesetzlich geregelten Grenzabstände einhalten. Maßgeblich ist dabei der Abstand von der Mitte der Hecke oder des Baumstamms zur Grenzlinie. Diese Grenzabstände sind in den Bundesländern unterschiedlich. Erkundigen Sie sich darum vor der Pflanzung bei Ihrer Gemeindeverwaltung.

Eingriffeliger Weißdorn (Crataegus monogyna)

Liguster (Ligustrum vulgare)

Wolliger Schneeball (Viburnum lantana)

Roter Hartriegel (Cornus sanguinea)

Rosa rubiginosa

Pfaffenhütchen (Euonymus europaea)

Gewöhnliche Schneebeere (Symphoricarpos rivularis)

Gewöhnlicher Schneeball (Viburnum opulus)   Eberesche (Sorbus aucuparia) **99**

DEKORATIV

Wenn sich an den Blumenzwiebeln die ersten grünen Spitzen
zeigen, können Sie die Töpfe z. B.
liegend in einer bunt bemalten
Wand platzieren.

BLUMENZWIEBEL-GÄRTNERN
Gute Laune für den Frühling

JETZT IN DIE ERDE GEBRACHT, ERÖFFNEN BLUMENZWIEBELN DEN FRÜHLING MIT FASZINIERENDER BLÜTENFÜLLE. GEEIGNETE PLÄTZE GIBT ES GENÜGEND: IM PRINZIP ÜBERALL, WO ERDE IST, AUCH AN MANCH UNGEWÖHNLICHEN ORTEN.

Material

Pflanzgefäße

Kies oder Blähton

Blumenerde

Blumenzwiebeln

Mehr Blumenzwiebeln

Höher wachsende Arten: Kaiserkronen, Narzissen, Tulpen

Niedrig wachsende Arten: Blausterne, Hyazinthen, Krokusse, Märzenbecher, Schachbrettblumen, Schneeglöckchen, Traubenhyazinthen

Los geht's

1. Sorgen Sie für Abzugslöcher am Boden der Pflanzgefäße, Blumenzwiebeln gehen bei Staunässe kaputt.

2. Füllen Sie den Boden jedes Pflanzgefäßes mit einer Schicht Kies oder Blähton als Dränage.

3. Füllen Sie dann Blumenerde ein.

4. Setzen Sie die Blumenzwiebeln etwa doppelt so tief in die Erde, wie sie hoch sind. Dabei können Sie die Zwiebeln dicht an dicht setzen, sie sollten sich aber nicht berühren.

5. Sie können auch in Lagen pflanzen: Unten ins Gefäß kommen die großen, höher wachsenden Zwiebelblumen, dann eine Lage Erde. Darüber werden dann die kleinen, niedrig wachsenden Zwiebelblumen gesetzt und zuletzt mit Erde bedeckt.

6. Füllen Sie die Hohlräume mit Erde aus, die bis 3 cm unterhalb des Randes reicht.

7. Stellen Sie die Töpfe über Winter draußen an die Hauswand. Bei Dauerfrost sollten Sie sie mit einem Vlies, alten Tuch oder Jutesack schützen.

8. Wenn die Blumenzwiebeln nach ein paar Jahren weniger üppig in Schalen, Töpfen und anderen Gefäßen erblühen, holen Sie die Zwiebeln raus und pflanzen sie draußen aus.

INTERESSANT | NACH DEM ZUFALLSPRINZIP Auch in die Erde vor und hinterm Haus setzen Sie nun Blumenzwiebeln. Damit es natürlich aussieht, werfen Sie eine Handvoll Blumenzwiebeln in die Höhe und versenken sie dort in den Boden, wo sie gelandet sind.

WINTERSCHUTZ
für draußen

NACH 43 PROJEKTEN BESITZEN SIE NUN VIELLEICHT OBSTBÄUME UND STRÄUCHER IN KÜBELN, KÜCHENKRÄUTER, STAUDEN UND VIELE ANDERE NICHT WINTERHARTE PFLANZEN. DAMIT DIESE DEN WINTER ÜBERLEBEN, BRAUCHEN SIE EINEN SCHUTZ.

Material

Styropor oder Holzbrett

Noppenfolie oder Zeitungspapier

Jute-Fleece oder Jute

Fichtenreisig

Schilfrohrmatte

Stroh

Bänder zum Zubinden

Ein paar Überwinterungsregeln

Alle tropischen Kübelpflanzen müssen vor den ersten Frosttagen an einen hellen, kühlen Platz ins Haus eingeräumt werden. Sie dürfen erst nach den Eisheiligen Mitte Mai wieder raus.

Alle anderen Pflanzen (Olive, Bleiwurz, Rosmarin, Lavendel, Rosen, Obstgehölze etc.) vertragen kurzfristig ein paar Minusgrade. Sie können in normalen Wintern draußen bleiben, brauchen aber unbedingt einen Winterschutz in strengen Wintern.

Los geht's

1. Rücken Sie die Pflanze an eine wind- und regengeschützte Stelle vor einer Hauswand.

2. Stellen Sie die Pflanze auf ein Stück Styropor oder ein Holzbrett – das isoliert von unten.

3. Umwickeln Sie die Pflanze mit Noppenfolie und Jute-Fleece, stecken Sie Fichtenreisig zwischen die Äste. Statt Jute-Fleece können Sie auch eine Schilfrohrmatte oder eine dicke Lage Stroh verwenden. Oder Sie werfen eine alte Wolldecke über die Pflanze.

4. Kleine Pflanzen in Töpfen und Schalen rücken Sie dicht zusammen und umgeben sie gemeinsam mit dem schützenden Material.

5. Große Gehölze schützen Sie mit angelehnten Schilfrohrmatten.

6. Da im Winter die Pflanzen viel häufiger verdursten als erfrieren, müssen Sie den Wurzelballen mit handwarmem Wasser gießen, wenn mildes, frostfreies Wetter herrscht. Gießen Sie nur so viel Wasser, wie es die Erde sofort gut aufnimmt.

7. Wenn der Winter vorbei ist, spätestens aber Anfang März, räumen Sie den Winterschutz weg. Damit die Pflanzen keinen Lichtschock bekommen, wählen Sie dafür einen bewölkten Tag.

INTERESSANT | SCHÖN WARM EINPACKEN   Pflanzen, die in Gefäßen aller Art wachsen, müssen im Winter vor Kälte geschützt werden – auch solche, die eigentlich bei uns heimisch und frosthart sind. Im Kübel ist der Wurzelballen noch viel mehr der Kälte ausgesetzt als im Erdreich.

WINTERSCHLAF!

Igel rollen sich im mit Laub ge-
polsterten Winternest zusammen
und verpennen die kalte Jahreszeit. Lassen Sie darum Laubhau-
fen bis in den April hinein unge-
stört unterm Gebüsch liegen.

HERBSTLAUB
Ein Zuhause für Igel & Co

HERBSTLAUB GEHÖRT NICHT IN DEN HAUSMÜLL, SONDERN UNTERS GEBÜSCH.
DORT DÜNGT ES DEN BODEN, LIEFERT REGENWURM UND CO. LECKERES FUTTER
UND IGELN UND VIELEN KLEINTIEREN DAS KUSCHELIGSTE WINTERNEST DER WELT.

Material

Evtl. Laubschutznetz für Teich

Werkzeuge

Besen und/oder Rechen

Los geht's

1. Kehren oder rechen Sie einfach das Laub von Wegen, Höfen und Rasenflächen unter die Sträucher, Hecken und Bäume. Sie werden es Ihnen mit üppigerem Wuchs im nächsten Frühjahr danken. Rasenflächen sollten Sie deshalb laubfrei halten, weil die verrottenden Blätter das Gras schädigen.

2. Auch von Teich- und Wasserflächen sollten Sie regelmäßig Herbstlaub entfernen: Die Blätter sinken nämlich auf den Grund und verbrauchen beim Zersetzen im Winter den ohnehin spärlichen Sauerstoff im Wasser. Wenn Sie vor dem Laubfall ein Laubschutznetz über die Wasserfläche spannen, sammelt sich darin das Laub. Entsorgen Sie es ebenfalls unterm Gebüsch.

3. An einem geschützten Platz unterm Gebüsch können Sie auch zusätzlich ein Igelhaus aufstellen. Dazu brauchen Sie nur eine 20 x 30 cm große Holzkiste (15 cm hoch reicht), in die Sie am oberen Rand einen Torbogen (12 x 12 cm) hineinsägen. Kiste umdrehen, dann wird der Boden zum Dach – als Regenschutz nageln Sie Dachpappe darauf fest. Betten Sie das Igelhaus im Laub ein.

INTERESSANT | IGEL RICHTIG FÜTTERN   Im Herbst und im April, direkt vor und nach dem Winterschlaf, sind Igel ganz besonders hungrig. Dann können Sie dem kleinen, nachtaktiven Insektenfresser Katzennassfutter (ohne Zusatzstoffe wie Zucker oder Konservierungs- und Farbstoffe) oder ein ungesalzenes Rührei anbieten (der Garvorgang tötet Bakterien ab und ist außerdem besser verdaulich).

[1.]

[2.]

[3.]

EIN WEINSPALIER

anlegen

MIT KLETTERPFLANZEN MACHEN SIE EINTÖNIGE HAUS- ODER MAUERWÄNDE LEBENDIG – UND WENN SIE WEINREBEN DAFÜR WÄHLEN, GIBT ES BEI IHNEN SOGAR SELBST GEERNTETE FRÜCHTE. DAS IST DOCH WAS!

Material

Rankgerüst

Evtl. großes Pflanzgefäß, z. B. ein Big Pack

2 Tafeltrauben-Pflanzen

Robuste, widerstandsfähige Sorten

Blaue Sorten: 'Muskat Bleu', ' Regent', 'Kodrianka' [1], 'Venus'

Helle Sorten: 'Birstaler Muskat', 'Arkadia','Frumoasa Alba', 'Juliana' [2]

Rote Sorte: 'Suffolk Red'[3]

Los geht's

1. Weinreben brauchen etwas, woran sich die Ranken festhalten und emporklettern können. Bringen Sie darum ein stabiles Rankgerüst vor der Wand an. Die waagerechten Drähte dürfen höchstens 50 cm Abstand voneinander haben.

3. Die beiden Reben pflanzen Sie zwischen die Pfosten direkt in den Erdboden. Geht das nicht, so pflanzen Sie jede Traube in ein großes Pflanzgefäß und stellen dieses auf.

4. Weintrauben wachsen sehr stark – ihre Triebe können jedes Jahr mehrere Meter wachsen. Anfangs ist das erwünscht, damit die Pflanze rasch die Wand zuwächst. Dennoch sollten Sie die Triebe, an denen Tafeltrauben hängen, öfter zurückschneiden. Entfernen Sie ab August auch die Blätter rund um die Trauben, damit sie Licht bekommen und süß werden. Die Blätter füllen Sie mit Reis, lecker!

5. Probieren Sie immer mal wieder, ob die Trauben süß sind. Da Trauben nicht nachreifen, ernten Sie sie im vollreifen Zustand. Dazu schneiden Sie die ganze Traube ab.

INTERESSANT | VERRIESELUNG BEI SCHLECHTEM WETTER   Warmes und windstilles Wetter bietet optimale Bedingungen für den Fruchtansatz und somit eine gute Ernte. Kühles, windiges und regnerisches Wetter beeinträchtigt dagegen den Blühverlauf und die Befruchtung. Fruchtanlagen, die nicht bestäubt worden sind, werden abgestoßen und fallen nach unten, die Gescheine verrieseln.

BIRD-FEEDER
Niemand soll Hunger haben

MEISEN, AMSELN, ROTKEHLCHEN UND ALL DIE ANDEREN FRÜHSTÜCKEN GERN AM
BIRD-FEEDER – UND AUCH TAGSÜBER HOLEN SIE SICH DORT KLEINE SNACKS. DAS
ERFREUT DAS HERZ UND GIBT IHNEN GELEGENHEIT, VÖGEL HAUTNAH ZU ERLEBEN.

Material

Schraubglas

Kochlöffel

1,5–2 m Geschenkband

Sonnenblumenkerne

Wichtig!

Vögel können keine Fensterschei-
ben sehen. Zeichnen Sie ein Git-
ternetz oder Ihren Lieblings-
spruch mit Bird-Pen (UV-Farbe),
Fenstermalkreide, Glasstiften
o.Ä. darauf. Sie können auch ein
Fuchs-, Katzen- oder Hundege-
sicht auf die Scheibe malen – das
hält Vögel auf Distanz. Die aufge-
klebten Greifvogelsilhouetten
helfen leider nicht ausreichend.

Los geht's

1. Wickeln Sie das Geschenkband zweimal so um das Schraubglas,
   das dieses gut gehalten ist.

2. Stecken Sie einen Kochlöffel ins Band – er ist der Landeplatz
   für Vögel.

3. Binden Sie den Bird-Feeder mit dem Geschenkband an einen Ast,
   ans Balkongeländer oder an einen anderen Platz. Wählen Sie am
   besten einen Platz, den Sie vom Fenster aus sehen können!

4. Füllen Sie Sonnenblumenkerne, Erdnüsse oder Vogelstreufutter ein.

5. Sie können noch mehr Vogelfutterstellen einrichten. Es bieten
   sich an: Meisenknödel, Fettringe oder selbstgemachte Vogel-
   Kekse (siehe KW 50). Vogelfuttersäulen mit Sonnenblumenkernen
   und Erdnüssen. Oder Apfelhälften und Rosinen, das mögen Amseln und Rotkehlchen gern.

6. Verfüttern Sie keine ranzigen, gesalzenen, gerösteten oder ge-
   würzten Nüsse, Saaten oder Kerne. Beim Kauf von Vogelfutter
   achten Sie darauf, dass keine Weizenkörner enthalten sind – diese
   werden von den Vögeln nicht gefressen und landen auf dem Boden.

INTERESSANT | NATÜRLICHES VOGELFUTTER   Vögel ernähren sich auch von den
feinen Blumensamen und jeder Menge Insekten. Darum lassen Sie Abgeblühtes oder
Verwelktes über den Winter stehen und schneiden es erst im Frühjahr zurück. Dann
finden Vögel die kleinen Samen darin. Außerdem überwintern unzählige Kleintiere
zwischen den abgeblühten Pflanzen und sind im kommenden Jahr Futter für die Vögel.

LASSEN SIE VERBLÜHTES ÜBER DEN WINTER STEHEN! DISTELFINKEN MÖGEN Z. B. FEINSTE SAMEN, DIE SIE DARIN FINDEN.

URBANE WEIHNACHTEN
Christmas in the City

WEIHNACHTEN STEHT VOR DER TÜR UND BRINGT MIT ALL DEN LICHTERN, KUGELN UND BUNTEN FARBEN GLANZ IN DEN TRISTEN WINTER. AUCH AN IHRER TÜR. DORT GRÜSST EIN NATÜRLICH GRÜN-ROTER KRANZ ALLE, DIE VORBEIKOMMEN.

Material

Efeu, Zwerg-Mispeln

Beeren von Hunds-Rose und Schneeball

Blüten von Winter-Geißblatt und Schneeball

Blütenstände von Clematis macropetala, Clematis vitalba und Hortensie

Bindedraht

Werkzeuge

Gartenschere

INTERESSANT | ERSTEHEN SIE EINE KLEINE FICHTE IM TOPF Binden Sie rote Bänder in die Äste. Vor dem Fest können Sie dann auch kleine Weihnachtskugeln, Strohsterne oder eine für den Außenbereich geeignete Lichterkette in das Bäumchen hängen.

Los geht's

1. Sammeln Sie Efeuzweige und beblätterte Zweige verschiedener Sträucher. All das, was Sie finden und was Ihnen gefällt. Damit sich die Zweige gut zu einem Kranz binden lassen, sollten sie mindestens 20 cm lang sein.

2. Nehmen Sie ein paar Zweige zusammen und umwickeln Sie sie vom freien Ende her fest mit Bindedraht. Je mehr Zweige Sie dazu verwenden, umso dicker wird der Kranz.

3. Nun nehmen Sie weitere Zweige hinzu, legen diese etwas versetzt an die schon gebundenen Zweige und umwickeln die freien Enden ebenfalls mit Bindedraht.

4. Auf diese Weise fahren Sie fort und fügen Sie nach und nach die Zweige zu einer langen Girlande zusammen. Für einen Kranz mit einem Durchmesser von 30 cm muss die Girlande knapp 1 m lang sein.

5. Formen Sie aus der Girlande einen Kranz und schließen ihn mit Bindedraht. Dekorieren Sie ihn mit den Wildfrüchten und Trockenblumen.

6. Befestigen Sie in der Kranzmitte einen hübschen Mistelzweig mit Bindedraht.

7. Formen Sie aus dem Bindedraht auf der Kranzrückseite eine stabile Schlaufe, mit der Sie den Kranz an einem Nagel an der Tür aufhängen können.

8. Auf dieselbe Weise können Sie auch einen Adventskranz binden. Dazu verwenden Sie grüne Tannen- oder Fichtenzweige.

9. Mehr Festigkeit bekommt der Kranz, wenn Sie mehrere 1 m lange Zweige mit Bindedraht umwickeln und als Kern des Kranzes verwenden. Befestigen Sie nun die Efeu- und Wildfruchtzweige an diesen Kranzkern durch Umwickeln mit Bindedraht.

MISTELZWEIG

Das Küssen unter in Wohnungen aufgehängten Mistelzweigen gehört zu den Weihnachtsbräuchen in den USA und England. Volkstümliche Bezeichnungen der Mistel sind auch Donnerbesen oder Druidenfuß.

DER WINTER

steht vor der Tür

SCHON WIEDER GEHT EIN JAHR ZU ENDE MIT ALL SEINEN HÖHEN UND TIEFEN, MIT GEGLÜCKTEM UND MISSLUNGENEM UND GANZ VIELEN ERLEBNISSEN BEIM STADTGÄRTNERN. NOCH VIER PROJEKTE STEHEN AN!

Zaubernuss 'Arnold Promise'
Hamamelis x intermedia

Duftschneeball 'Dawn'
Viburnum bodnantense

Sal-Weide
Salix caprea

Kornelkirsche
Cornus mas

Echter Seidelbast
Daphne mezereum

BLÜHENDES DRAUSSEN

Diese Gehölze öffnen schon im Winter ihre Blüten – im Kübel gepflanzt, schützen Sie das Erdreich, indem Sie den mit Jute-Fleece oder Noppenfolie umhüllten Kübel auf eine Styroporplatte stellen.

BARBARAZWEIGE
Blüten im Winter

AM 4. DEZEMBER IST BARBARATAG. EINEM ALTEN BRAUCH NACH WERDEN AN DIESEM TAG ZWEIGE VON OBST- UND BLÜTENSTRÄUCHERN GESCHNITTEN UND IN DIE WOHNUNG GESTELLT: AN WEIHNACHTEN BLÜHEN SIE UND SCHENKEN HOFFNUNG.

Material

Zweige von einem Obstbaum oder Obststrauch (Kirsche, Apfel, Schlehe, Johannisbeere), Flieder, Haselnuss, Forsythie, Birke, Weide, Goldregen oder Ginster

Werkzeug

Gartenschere

Achtung, aufgepasst!

Schlehenzweige tragen lange Dornen, Goldregen, Seidelbast, Duftschneeball und Besenginster sind giftig.

Los geht's

1. Schneiden Sie meterlange, knospentragende Zweige ab, z. B. bei einem langen Spaziergang am Waldrand oder in Wiesen- und Heckenlandschaften. Fragen Sie auch Gartenbesitzer nach ein paar Barbarazweigen, denn gerade Obstgehölze werden ohnehin im Winter geschnitten.

2. Um zu erblühen, brauchen die Knospen einen Kälteschock. Wenn es bis jetzt noch keine frostig kalten Nächte gab, sollten Sie die Zweige ein paar Stunden lang in die Tiefkühltruhe legen. Sind für die Nacht Minustemperaturen angekündigt, stellen Sie die Zweige nach draußen.

3. Am nächsten Abend legen Sie die Zweige in lauwarmes Wasser – über Nacht. Dadurch beginnt für die Knospen der Frühling.

4. Schneiden Sie nun die Zweigenden schräg an. Sie können die Zweigenden auch mit einem Hammer weich klopfen.

5. Stellen Sie die Zweige in ein mit frischem Wasser gefülltes Gefäß oder Vase. Bei trockener Heizungsluft sollten Sie die Zweige ein- oder zweimal am Tag mit Wasser besprühen, um die Luftfeuchtigkeit zu erhöhen.

6. Wechseln Sie alle 3 – 4 Tage das Wasser in dem Gefäß.

7. Im warmen Zimmer öffnen sich bald die Knospen – und bringen Glück!

INTERESSANT | SPANNENDE TRADITION   In Niederösterreich wurden dem Brauch nach Zettelchen an die Barbarazweige gehängt, auf denen die Namen geliebter Menschen standen. Dem Menschen, dessen Name an dem zuerst aufblühenden Zweig hing, stand im kommenden Jahr besonders viel Glück ins Haus.

VOGEL-KEKSE

selbst gemacht

VÖGEL STEHEN JETZT TOTAL AUF FETTES ESSEN. DAS GIBT IHNEN GENÜGEND ENERGIE FÜR DIE VOGELKÖRPERHEIZUNG, DIE PERMANENT AUF ÜBER 40 GRAD CELSIUS LÄUFT! WÄHLEN SIE FÜR DIE VOGEL-COOKIES HOCHWERTIGE ZUTATEN.

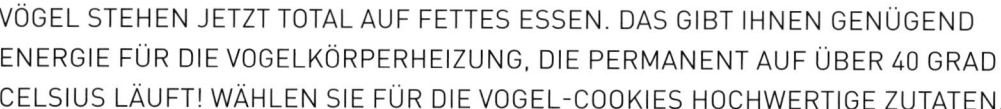

Material

200 g Kokosfett oder Rindertalg vom Metzger

140 g Weizenkleie

60 g Vollkornhaferflocken

100 g Körner und Saaten für Vögel (geschälte und ungeschälte Sonnenblumenkerne, Hanf, Mohn, geschrotete Erdnüsse, gehackte Haselnüsse)

2 Esslöffel Sonnenblumenöl

Plätzchenförmchen

Geschenkband oder Paketschnur

Werkzeuge

Kochtopf

Schere

Los geht's

1. Geben Sie das Kokosfett / Rindertalg in einen Topf und lassen Sie es bei niedriger Hitze langsam flüssig werden, es braucht nicht heiß sein und darf nicht sieden!

2. Rühren Sie in das flüssige Fett die Weizenkleie, Haferflocken, Körner- und Saatenmischung ein.

3. Rühren Sie das Sonnenblumenöl unter die Mischung, damit die Vogel-Kekse bei frostigen Temperaturen nicht zu hart werden. Liegen die Temperaturen bei über 5 Grad Celsius, können Sie auf das Öl verzichten.

4. Lassen Sie die Mischung etwas abkühlen.

5. Binden Sie um die Plätzchenförmchen Bändchen oder Kordel zum Aufhängen.

6. Geben Sie die warme Vogel-Keks-Mischung in die Förmchen und lassen Sie sie vollständig abkühlen.

7. Danach können Sie die Vogel-Kekse sofort an einem schattigen Platz aufhängen.

INTERESSANT | NOCH EIN WEIHNACHTSGESCHENK? Selbst gemachte Vogel-Kekse sind auch ein schönes Weihnachtsgeschenk für Freunde und Verwandte. Lagern Sie die Vogel-Kekse bis zum Fest an einem kühlen Ort – nachhaltig können Sie sie dann in einem leeren Marmeladen-, Gurken- oder Weckglas mit Deckel verpacken.

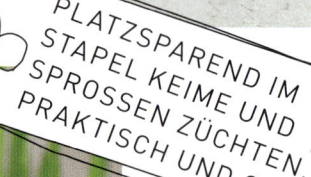

PLATZSPAREND IM STAPEL KEIME UND SPROSSEN ZÜCHTEN. PRAKTISCH UND GUT.

WINDOW-FARMING
knackig frisch

FRISCHE VITAMINE GIBT ES AUCH IM WINTER. AM FENSTER GEDEIHEN TAGTÄGLICH KRESSE UND ANDERE KEIMSPROSSEN FÜR SALATE, WRAPS UND CO. – DAS GEHT FAST WIE VON SELBST.

Material

Leere Eischalen ohne Loch

Watte

Kressesamen

Eierkarton, evtl. Eierbecher

Teller, Küchenpapier, Keimgerät

Mehr Kressen

Neben der Gartenkresse können Sie auch Senf, Rettich, Radieschen und alle Kohlsorten (Rotkohl, Weißkohl, Brokkoli, Rucola) aussäen.

Heimische Keimsprosse

Das sind die Sprosse von Erbsen, Linsen, Weizen, Roggen, Hafer, Gerste, Rotklee, Sonnenblumen, Kürbis, Karotte, Rote Bete, Borretsch und Koriander.

Los geht's

1. Befeuchten Sie die Watte mit Wasser.

2. Stecken Sie die Watte in die leeren Eischalen.

3. Streuen Sie die Kressesamen dicht an dicht auf die Watte.

4. Befeuchten Sie nochmals die Watte.

5. Stellen Sie die Eischalen in einem Eierkarton (oder Eierbecher) auf die Fensterbank.

6. Halten Sie die Watte stets gut feucht.

7. Bald sprießt die grüne Kresse. Wenn die Kresse 3–4 cm hoch geworden ist und sich die Blättchen entfaltet haben, können Sie ernten.

8. Zugegeben, in einer Eischale sprosst nur wenig Kresse. Für größeren Bedarf nehmen Sie statt Eischalen einen Teller mit feuchtem Küchenpapier oder gleich ein Keimgerät. Das funktioniert ohne Watte und sogar auf mehreren Etagen.

INTERESSANT | PROBIEREN SIE MAL EXOTISCHE KEIMSPROSSE
Z. B. Perilla (Shiso), Asia-Blattsalate, Sojabohnen, Mungbohnen, Azukibohnen, Kichererbsen, Amaranth, Quinoa, Buchweizen, Bockshornklee, Alfalfa, Sesam und Leinsamen.

INSEKTENHOTELS
selbst gebaut

WAS TUN ZWISCHEN DEN JAHREN? BAUEN SIE KLEINEN SECHSBEINERN EIN INSEKTENHOTEL – DAS PLATZIEREN SIE IM FRÜHJAHR DANN AN EINEN GESCHÜTZTEN PLATZ DRAUSSEN ZWISCHEN PFLANZEN UND ERFREUEN SICH AN DER GÄSTESCHAR.

MAUERBIENEN BESUCHEN AN SONNIGEN MÄRZTAGEN AUCH BALKONE. LEGEN SIE FÜR DIE WILDBIENEN BÜNDEL VON 12–15 CM LANGEN BAMBUS-STÄBEN (DURCHMESSER 12–14 MM) AUS.

INSEKTEN-STADTHOTEL

In diesem Insektenhotel finden Wildbienen, Ohrwürmer, Schmetterlinge, Florfliegen und viele verschiedene Insekten eine Unterkunft.

Material: 10–15 cm hohe Holzkiste mit mehreren Fächern, Dachziegel, Kaninchendraht, Bambusstäbe (Durchmesser 12–14 mm), Schilfstängel, Strohhalme, Schneckenhäusern von Weinberg-, Bänder- und anderen Schnecken, Rindenmulch, Baumrinde, Holzwolle, Moos, Kiefernzapfen, Stöckchen, Ästchen, Ton oder Lehm.
In diesem Insektenhotel finden Wildbienen, Ohrwürmer, Schmetterlinge, Florfliegen und viele verschiedene Insekten eine Unterkunft.

LOS GEHT'S Füllen Sie die einzelnen Fächer nach Belieben mit dem vorhandenen Material. Kürzen Sie die Bambusstäbe auf 10–15 cm ein; dabei muss jedes Teilstück vorne eine Öffnung und hinten blind geschlossen sein. Schleifen Sie die Öffnungen mit Schleifpapier glatt. Legen Sie dann die Bambusstäbe in ein Fach. Gerne können Sie auch ein paar Schilfstängel und Strohhalme dazu stecken. Füllen Sie ein Fach mit den Schneckenhäuschen. Nageln oder tuckern Sie Kaninchendraht vor die Öffnung, damit die Häuschen nicht herausfallen. Ein anderes Fach füllen Sie ganz locker mit Baumrinde, Rindenmulch, Holzwolle oder ganz trockenem Moos. Evtl. müssen Sie auch Kaninchendraht vor dieses Fach tuckern oder nageln. In ein weiteres Fach legen Sie die Kiefernzapfen oder kleinen Stöckchen und Ästchen, die Sie ebenfalls mit Kaninchendraht vor dem Herausfallen schützen. Ein kleines Fach können Sie auch mit Lehm oder Ton füllen, in den Sie mit einem Nagel glatte Löcher hineindrücken. Zuletzt kommt der Dachziegel als schützendes Dach mit Überstand aufs Insekten-Stadthotel.

WOHNEN IM LOCHZIEGEL

Verschiedene Wildbienen fühlen sich im Lochziegel-Hotel wohl.

Material: Lochziegel, Bambusstäbe, Schilfstängel, Strohhalme, Fliese.

LOS GEHT'S Kürzen Sie die Bambusstäbe auf 10–15 cm ein; dabei muss jedes Teilstück vorne eine Öffnung haben und hinten blind geschlossen sein. Schleifen Sie die Öffnungen mit Schleifpapier glatt. Stecken Sie die Bambusstäbe in die Löcher im Lochziegel. Schneiden Sie die Schilfstängel und Strohhalme ebenfalls auf 10–15 cm zu. Achten Sie darauf, dass eine der beiden Öffnungen nicht verletzt oder angerissen ist. Stecken Sie auch die Schilfstängel und Strohhalme in die Löcher im Lochziegel. Legen Sie eine Fliese als überstehendes Dach auf den Lochziegel.

HOLZNEST

Mauer-, Löcher- und viele andere Wildbienen legen ihre Eier in Löcher im Holz.

Material: Hartholzstücke (Laubholz, kein Nadelholz), Bildrahmenaufhänger

LOS GEHT'S Bohren Sie mit verschiedenen Holzbohrern 3–8 mm große Sacklöcher (das sind hinten blind endende Löcher) in das Holz. Halten Sie mindestens 1 cm Abstand zwischen den Löchern. Klopfen Sie das Holzmehl heraus. Schleifen Sie die Öffnungen der Löcher rundherum glatt. Nageln Sie auf jedes Holzstück hinten einen Bildrahmenaufhänger, an dem Sie das Holznest aufhängen können. Mit Acrylfarbe können Sie die Front des Holznests bemalen.

SERVICE
Saatgut Gemüse, Kräuter, Duftpflanzen und Samenmischungen

HIER FINDEN SIE PASSENDE ADRESS. ZUM START UP FÜRS STADTGÄRTNERN.

DEUTSCHLAND

Templiner Kräutergarten
Elsternest 1, 17268 Templin
E-Mail: info@templiner-kraeutergarten.de
www.templiner-kraeutergarten.de

Gustav Schlüter GmbH
Bahnhofstr. 5, 25335 Bokholt-Hanredder
Tel.: (0 41 23) 20 21
E-Mail: versand@garten-schlueter.de
www.garten-schlueter.de

Daniel Rühlemann
Auf dem Berg 2 , 27367 Horstedt
Tel.: (0 42 88) 92 85 58
E-Mail: info@kraeuter-und-duftpflanzen.de
www.kraeuter-und-duftpflanzen.de

Dreschflegel GbR
In der Aue 31, 37213 Witzenhausen
Tel.: (0 55 42) 50 27 44
E-Mail: info@dreschflegel-saatgut.de
www.dreschflegel-shop.de

Bingenheimer Saatgut AG
Kronstr. 24, 61209 Echzell
Tel.: (0 60 35) 18 99-0
E-Mail: info@bingenheimersaatgut.de
www.bingenheimersaatgut.de

Syringa Duftpflanzen und Kräuter
Bachstr. 7, Untere Gräben (Gärtnerei)
78247 Binningen
Tel.: (0 77 39) 14 52
E-Mail: info@syringa-pflanzen.de
www.syringa-pflanzen.de

Sativa Saatgut
Keltenweg 4
79798 Jestetten-Altenburg
Tel.: (0 52) 3 04 91 60
E-Mail: shop@sativa-biosaatgut.de
www.gartenshop.sativa-biosaatgut.de

Bio-Saatgut Gaby Krautkrämer
Weingartenstr. 58, 97252 Frickenhausen am Main
Tel.: (0 93 31) 9 89 42 00
E-Mail: mehrInformation@bio-saatgut.de
www.bio-saatgut.de

SCHWEIZ

Arche Noah
Obere Straße 40, A-3553 Schiltern
Tel.: +43 (0) 2734-8626
E-Mail: info@arche-noah.at
www.arche-noah.at

PFLANZENVERSAND

Pflanzenversand Gaissmayer

Jungviehweide 3, 89257 Illertissen
Tel.: (0 73 03) 72 58
E-Mail: info@gaissmayer.de
www.pflanzenversand-gaissmayer.de

ROSEN

Rosenhof Schultheis e.K.

Bad Nauheimer Str. 3-7, 61231 Bad Nauheim-Steinfurth
Tel.: (0 60 32) 92 52 80
E-Mail: info@rosenhof-schultheis.de
www.rosenhof-schultheis.de

Schmid Gartenpflanzen

Allgäuerstr. 15, 87700 Memmingen
Tel.: (0 83 31) 53 14
E-Mail: info@schmid-gartenpflanzen.de
www.schmid-gartenpflanzen.de

OBSTPFLANZEN

Pflanzen 1x1

Bergerholz 7, 37194 Wahlsburg
Tel.: (0 55 71) 91 92 11
E-Mail: info@balkonobst.de
www.balkonobst.de

NISTKASTEN. V BIRD-FEEDER. VOGELFUTTER UND ANDERE WILDTIERPRODUKTE

Naturschutzbedarf Strobel

Nitzschkaer Str. 29, 04626 Schmölln
Tel.: (03 44 91) 8 18 77
E-Mail: info@naturschutzbedarf-strobel.de
www.naturschutzbedarf-strobel.de

Hasselfeldt Nisthilfen und Artenschutzprodukte e.K.

Inh. Karsten Kock
Dorfstr. 10, 24613 Aukrug
Tel.: (0 48 73) 9 01 09 58
E-Mail: info@nistkasten-hasselfeldt.de
www.hasselfeldt-naturschutz.de

Vivara Naturschutzprodukte

Kaiserswerther Str. 115, 40880 Ratingen
Tel.: (0 18 06) 84 85 71
E-Mail: info@vivara.de
www.vivara.de

Schwegler Vogel- und Naturschutzprodukte GmbH

Heinkelstr. 35, 73614 Schorndorf
Tel.: (0 71 81) 97 74 50
E-Mail: info@schwegler-natur.de
www.schwegler-natur.de

WEITERE INTERESSANTE LINKS

Hochbeet. Bausatz zum Selberbauen

www.hochbeetgarten.de

Kompostwürmer

www.wurmwelten.de

Mehr Informationen zu den Themen

www.stadt-gemuese.de
www.mein-nasch-balkon.de
www.meine-ernte.de
www.garten-vertikal.de
www.strohballengarten.de
www.heu-stroh-boerse.de
www.netzwerkpflanzensammlungen.de

PFLANZENREGISTER

Hervorgehobene Seitenzahlen verweisen auf Abbildungen.

IMPRESSUM

Bildnachweis

Mit 148 Farbfotos von: 123rf.com/serge001: 44; Elke Borkowski Gartenfotografie, Herten: 32 o. (RHS Hampton Court Flower Show, Design Kate Turner); 70; 80 o. re.; Flora Press, Hamburg: 8/9; Flora Press/BIOSPHOTO/Alexandre Petzold: 62 o.; Flora Press/BIOSPHOTO/Gilles Le Scanff & Joëlle-Caroline Mayer: 78 o. re.; Flora Press/Christine Ann Föll: 99; 114; 128 o. re.; Flora Press/Edition Phönix: 53; 103 (alle drei); Flora Press/EWA Stock Photo Library: 78 li.; Flora Press/Flowerphotos/Carol Sharp: 61; Flora Press/gartenfoto.at: 42 o.; 55 li.; 58; Flora Press/Gudrun Peschel: 128 u. li.; Flora Press/GWI: 6; 67 u. re.; 78 u. re.; 88 li.; 128 o. li.; Flora Press/Helga Noack: 10 o. li.; 17 (alle drei); 31; 83 (beide); 128 o. li.; Flora Press/John Glover: 67 o. re.; Flora Press/MAP: 128 o. Mi.; Flora Press/Martin Hughes-Jones: 47 re.; Flora Press/Melli Freudenberg: 104 li.; Flora Press/Meyer-Rebentisch: 4/5; Flora Press/Nova Photo Graphik: 128 u. re.; Flora Press/Pavel Ovsík: 109 o. li.; Flora Press/Royal Horticultural Society: 20; Flora Press/Visions: 64; 67 Mi. re.; 95; 100; 109 o. re.; 111 o.; GAP Gardens, Essex: 1 (alle vier); GAP/Benedikt Dittli: 36; GAP/Clive Nichols - Design: Charlotte Rowe: 75; GAP/Clive Nichols: 38 u.; GAP/Dave Bevan: 41 u. re.; GAP/Heather Edwards: 23; GAP/Howard Rice: 111 re.; GAP/Howard Rice: 24; GAP/Jenny Lilly: 32 u.; GAP/Jonathan Buckley/Design: Patricia Fox, Chelsea Flower Show 2009: 41 o. re.; GAP/Jonathan Buckley: 67 li.; GAP/Maxine Adcock: 47 li.; GAP/Nicola Stocken - Wilkins Pleck: 109 u.; GAP/Richard Bloom: 96 (alle sechs); GAP/Robert Mabic - Design: Kate Turner: 69; GAP: 80 (alle sechs kleinen Bilder); GAP: 80 (großes Bild); Dr. Birgitta Goldschmidt, Koblenz: 91 u.; Kullmann & Partner GbR, Stuttgart: 38 o.; living4media, München: Annette & Christian: 10 o.re.; mauritius images GmbH, Mittenwald: GWI/N+R Colborn: 88 re.; Panthermedia, München: o_april: 77; Angelika Schartl/Würzburg: 106 li.; Rebschule H. Schmidt, Obernbreit: 106 o. re., Mi. re., u. re.; shutterstock/Andrekart Photography: 84/85; shutterstock/ChiccoDodiFC: 56/57; shutterstock/Dasha Petrenko: 91 o.; shutterstock/grafikfoto: 10 u.; shutterstock/hjochen: 55 re.; shutterstock/MaraZe: 86/87; shutterstock/Marina Grau: 35 re.; shutterstock/Marina Onokhina: 118 u. li.; shutterstock/MISHELLA: 112/113; shutterstock/Monkey Business Images: 2/3; shutterstock/ReinStudio: 42 u.; shutterstock/Robert Crum: 28/29; shutterstock/schab: 62 u.; shutterstock/Silkspin: 14; shutterstock/Zygotehaasnobrain: 42 Mi.; Martin Staffler, Stuttgart: 13 (alle drei); 19 o. re.; 26/27; 48 (alle drei); 72; 104 re.; 117 (alle vier); 118 o. li, o. Mi., o. re. & u. re.; 120/121; Friedrich Strauss, Seysdorf-Au/Hallertau: 19 o. li. & u. li.; 35 li.; 41 li.; 50; 92 (alle drei).

Umschlaggestaltung von Gramisci Editorialdesign, München unter Verwendung einer Aufnahme von living4media/Maskot Bildbyra AB (Umschlagvorderseite) sowie drei Aufnahmen auf der Umschlagrückseite von Flora Press/Royal Horticultural Society (li.), Martin Staffler, Stuttgart (Mi.) und GAP/Heather Edwards (re.).

Auf den Klappen 22 Bilder von Flora Press/Nadja Buchczik & Flora Press/Helga Noack (Papiertöpfchen), Flora Press/Nadja Buchczik (Aussaat), Flora Press/Visions (Zwiebeln setzen), Flora Press/Domingo Vazquez (10), Flora Press/Gudrun Peschel (13), Flora Press/MAP (12 & 14), Flora Press/Rosalind Simon (7), Flora Press/Royal Horticultural Society (9), Flora Press/Visions (6, 8, 15), shutterstock/Vaclav Volrab (11).

Mit 148 Farbfotos

Haftungsausschluss

Alle Angaben in diesem Buch sind sorgfältig geprüft und geben den neuesten Wissenstand bei der Veröffentlichung wieder. Da sich aber das Wissen laufend und in rascher Folge weiterentwickelt und vergrößert, muss jeder Anwender prüfen, ob die Angaben nicht durch neuere Erkenntnisse überholt sind. Dazu muss er zum Beispiel Beipackzettel zu Dünge-, Pflanzenschutz- bzw. Pflanzenpflegemitteln lesen und genau befolgen sowie Gebrauchsanweisungen und Gesetze beachten. Jede Dosierung und Anwendung erfolgt auf eigene Gefahr. Autor und Verlag müssen alle Schadensersatzansprüche von vornherein ablehnen.

Gebrauchsnamen, Handelsnamen, Warenbezeichnungen sind in diesem Buch ohne nähere Kennzeichnung in Bezug auf Marken, Gebrauchsmuster und Patentschutz weitergegeben. Daraus kann nicht abgeleitet werden, dass diese Namen und Verfahren als frei im Sinne der Gesetzgebung gelten und von jedermann benutzt werden dürfen.

Das Allerwichtigste ist, dass Sie die Pflanzen und insbesondere die Kräuter einwandfrei erkennen. Oftmals gibt es verwandte Arten, die sich sehr ähnlich sehen. Die eine ist jedoch gut, die andere giftig. Wenn Sie irgendwelche Zweifel haben, dann verwenden Sie die Pflanze nicht. In der Apotheke bekommen Sie beispielsweise die beschriebenen Kräuter in getrockneter Form.

Unser gesamtes lieferbares Programm finden Sie unter **kosmos.de**. Über Neuigkeiten informieren Sie regelmäßig unsere Newsletter, einfach anmelden unter **kosmos.de/newsletter**.

Gedruckt auf chlorfrei gebleichtem Papier

© 2015, Franckh-Kosmos Verlags-GmbH & Co. KG, Stuttgart.
Alle Rechte vorbehalten
ISBN 978-3-440-14695-8
Projektleitung: Katrin Friedrichs
Redaktion und Bildredaktion: Katrin Friedrichs
Gestaltungskonzept: Gramisci Editorialdesign, München
Gestaltung und Satz: corabanek design, Wörrstadt
Produktion: Jürgen Bischoff
Printed in Slovakia / Imprimé en Slovaquie

GÄRTNERN IN DER STADT

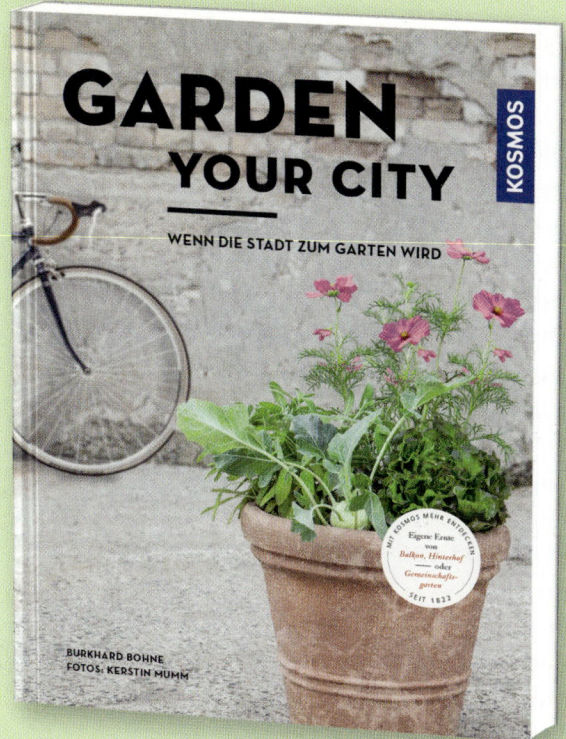

Burkhard Bohne
Garden your city
176 Seiten, €/D 19,99

Wenn die Stadt zum Garten wird: Hier wird gezeigt, wie man auch auf einem kleinen Fleckchen Grün in der Stadt – egal ob auf Balkon, im Hinterhof oder im Mini-Garten, Obst, Gemüse und Kräuter anbauen kann. Mit einfachen Mitteln wie Pflanzsäcken, selbst gebauten Hochbeeten, vertikalen Gärten oder einem Pflanzenmeer im Topf lässt sich überall ein Platz für die eigene Ernte gestalten.

Jetzt bestellen auf kosmos.de

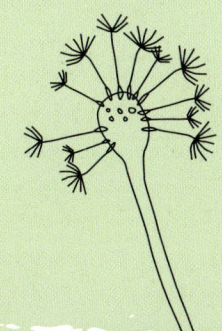

TOP 15 Bienen-pflanzen

Diese Pflanzen gehören zu den besten Bienenblumen, denn sie liefern reichlich Nektar und Pollen für unsere pelzigen Insektenfreunde – und das von März bis Oktober.

1 Brombeere

2 Bartblume

3 Raublatt-Aster

4 Sal-Weide

5 Echter Koriander